KB088597

괴로움이야말로

인
생
이
다

TALES FOR TRANSFORMING ADVERSITY

| 일러두기

- 한국어 번역의 완성도를 위해, 영어판 도서 『TALES FOR TRANSFORMING ADVERSITY』(2017)를 기준으로 번역하되 중국어판 도서 『苦才是人生』(2012)을 참조하였습니다.
- 외래어 표기는 국립국어원의 규정에 기초합니다. 다만 티베트 인명이나 지명, 불교 용어 등은 역자의 표기 방식을 따랐습니다.
- 각주는 모두 역자 주입니다.

괴로움이야말로

인
생
이
다

고통의 바다
한가운데서도
웃을 수 있는
법

켄포 소달지
지음

원정 옮김

담앤북스

'괴로움'을 알아야
인생의 행복이 보입니다

우리의 인생을 열 등분해서 보면 우리 마음에 들지 않을 때가 얼마나 될까요? 옛사람은 열에 여덟, 아홉이라 했습니다. 청나라 때의 정치가 증국번曾國藩도 "인생이 뜻대로 되지 않는 경우가 십중팔구다."라고 했습니다.

부처님께서도 거듭 말씀하셨습니다.

"인생은 모두 괴로움이다. 생로병사의 고통은 제쳐 두더라도, 사랑하는 이와 헤어지는 고통, 미운 사람과 함께하는 고통, 얻으려 해도 얻지 못하는 고통은 피할 수 없다."

이에 전혀 동의하지 않을 사람도 있을 것입니다.

"인생에는 분명 즐거움도 많은데 왜 괴로움만 과장하고, 붙들고 있나요?"

사실 불교에서 '괴로움'을 말하는 것은 삶에 즐거움이 있다는 점을 부정하는 것이 아닙니다. 하지만 이런 즐거움은 금방 지나가 버리며 우연으로 잠시 생긴 것이어서 인생의 '바탕색'이 아닙니다.

우리 인생에서 유일하게 변하지 않는 것은 바로 '모든 것은 변한다'는 사실입니다. 권세가 높은 사람도 하루아침에 몰락할 수 있고, 서로 죽고 못 사는 관계도 일시에 원수가 될 수 있습니다. 온 가족이 즐겁게 모이지만 곧 헤어지고, 무병장수하는 사람도 결국 세상을 떠납니다. 모든 아름다움은 변화를 피할 수 없고, 변화는 괴로움을 가져오니 이것이 바로 '인생은 모두 괴로움'이라는 말의 뜻입니다.

인생은 모두 괴로움임을 아는 것은 우리에게 아주 중요합니다. 이 세상의 참모습을 똑똑히 보지 못하고, 세상은 고통이 아니라 즐거움으로 가득 차 있다고 믿으면 고통에서 영영 벗어나기 힘듭니다. 고통에 직면해야만 즐거움을 향해 나아갈 수 있습니다.

석가모니부처님도 늙고 병들고 죽는 고통을 본 뒤 그 고통에서 벗어나는 법을 사유하기 시작했고, 온갖 방법을 거친 후 마침내 해탈에 이르는 광명의 길을 찾았습니다. 그러므로 고통에서 도피하거나 고통을 두려워할 필요가 없습니다.

어떤 사람은 아무런 고난 없이 순탄하기만 한 삶을 기대하지만 그런 삶은 불가능합니다. 삶의 비바람을 피하기 어려운 우리는 늘 이리 부딪치고 저리 부딪칩니다. 그러나 비바람 없이 봄에 꽃피고 가을에 열매를 맺을 수 없습니다.

지금 세상 사람들이 각종 고통에 시달리는 근본 원인은 남을 이롭게 하는 일에 무관심하고, 무상無常에 대해 무지하며, 죽음에 대해 전혀 준비하지 않아서입니다. 대다수 사람은 남을 이롭게 하는 일이 자신에게 아무런 이익이 없다고 생각하지만, 사실 남을 이롭게 하는 것이 바로 자신에게 가장 이로운 것입니다. 그들은 무상을 알면 힘써 일할 동력을 잃게 된다고 생각하나, 사실 무상을 알면 자기 인생이 더욱 찬란하게 됨을 모릅니다. 대신 어떻게 하면 부와 명성을 얻을까 걱정합니다. 불행하게도 이런 것들은 내세의 즐거움은 말할 것도 없고 안락한 죽음도 보장하지 못합니다. 세상사가 아무리 복잡하고 생활이 아무리 힘들어도 자신이 잘 살 수 있는 '처방'이 있어야 합니다. 그 최선의 처방은 바로 부처님의 가르침을 따라 수행하는 것입니다.

저는 한족漢族 지역 사람들에게 도움이 되었으면 하는 바람으로 이 책을 썼습니다. 그들의 삶과 고통을 잘 이해하고 있었기 때문이죠. 그런데 놀랍게도 많은 사람이 여기 나오는 동서고금의 이야기들을 통해 마음을 다스릴 수 있는 방법을 찾았다고 말합니다. 짧고 간단한 이야기가 깊은 인상으로 남아 힘들고 어려울 때 도움이 되었다고 합니다. 이 책에서 언급하는 인간의 불안과 삶의 문제들이 중국 사람이나 티베트 사람만의 문제가 아닝, 인종과 언어를 초월하는 인류 공통의 문제이기 때문일 것입니다.

이 책이 모든 마음의 병을 치료할 수 있는 만병통치약은 되지 못할지라도, 이 번잡한 세상에서 고통으로 힘든 여러분에게 조금의 청량함을 가져다주기를 바랍니다.

2017년 라룽가르 오명불학원에서
소달지

차례

1장

어떻게
살아야
고통스럽지
않을까

고난이 없는 삶은

빈 배와 같아서

폭풍우에

쉽게 뒤집힙니다.

남의 장점을
부러워할 필요 없습니다

누구에게나 장점과 단점이 있습니다. 아무리 위대한 사람일 지라도 결점이 있고, 아무리 보잘것없는 사람일지라도 장점이 있습니다. 그러므로 다른 사람의 장점을 자신의 단점과 비교할 필요가 없습니다. 당신의 장점은 아마 다른 어떤 사람이 결코 따라올 수 없는 것일지도 모릅니다.

『장자莊子』의 「추수편秋水篇」에 이런 이야기가 있습니다.

다리가 하나뿐인 기夔라는 짐승이 있었는데 언제나 다리가 많은 지네가 현란하게 걷는 것을 부러워했습니다. 그런데 지네는 다리도 없으면서 매끈하게 잘 달아나는 뱀을 부러워했습니다. 뱀은 형체도 없으면서 자기보다 빨리 움직이는 바람을 부러워했고 또 바람은 사람의 눈빛이 빠름을 부러워했습니다. 눈빛은 마음의 속도가 부러웠습니다. 마음은 생각하기만 하면 어디에나 바로 도달할 수 있기 때문입니다.

불경에도 "모든 것 중에서 마음이 가장 빠르다."는 말이 있습니다. 중요한 것은 남과 자신을 비교해서 다른 사람이 가진 장점을 너무 부풀리지 않는 것이고, 훌륭한 사람에게도 약점이 있으므로 지나치게 자신을 비판하지 않는 것입니다. 속담에 "한 자에도 모자람이 있고 한 치에도 남음이 있다."라고 했습니다. 이러한 이치를 설명해 주는 재미있는 우화가 있습니다.

생쥐 한 마리가 있었습니다. 자신이 너무나 미미한 존재라고 생각하던 생쥐는 뭔가 위대한 걸 찾아서 본보기로 삼고 싶었습니다.

한번은 고개를 들어 하늘을 보고는 그 광활함에 반해 하늘이 가장 위대하다고 생각했습니다. 생쥐는 하늘에 대고 물었습니다.

"당신은 세상에 겁날 것이 없겠네요. 나는 이렇게 조그마한 존재이니 저에게 어떤 용기를 주실 수 없나요?"

하늘이 대답했습니다.

"나도 겁내는 것이 있단다. 구름이지. 구름이 하늘을 가리고 해를 가리면 나는 아무것도 볼 수가 없어."

대답을 들은 생쥐는 구름이 더 대단하다고 생각해 구름을 찾아갔습니다.

"당신은 하늘을 가릴 수 있으니 제일 위대하군요."

구름이 답했습니다.

"나도 두려워하는 것이 있어. 그건 바로 바람이란다. 내가 가까스로 하늘을 가려도 큰 바람이 한번 휙 불면 다 날아가 버리지."

생쥐가 다시 바람을 찾아가 묻자 바람이 말했습니다.

"나도 두려운 것이 있어. 나는 저 담장이 제일 두려워. 내가 불어도 저 담장은 끄떡도 하지 않거든. 그러니 담장이 나보다 더 대단해."

생쥐는 담장을 찾아가 물었습니다.

"당신은 바람에도 끄떡 없으니 당신이 세상에서 제일 위대하군요."

이 말을 들은 담장은 생쥐가 깜짝 놀랄 말을 했습니다.

"내가 제일 두려워하는 것은 생쥐라오. 생쥐는 내 아래에 구멍을 뚫곤 하는데 그것이 언젠가는 담장 전체를 무너뜨릴 것이오."

이 말을 들은 생쥐는 크게 깨닫는 바가 있었습니다. 가장 위대한 것을 찾아 온 세상을 돌아다녔지만 결국 가장 위대한 것은 바로 '자신'이었지요.

이 우화는 우리에게 무엇을 말하는 걸까요? 모든 사람은 자신만의 장점을 갖고 있음에도 불구하고 그것을 보지 못한다는 것입니다.

다른 사람들의 강점을 보고 자신이 무가치하다고 결론짓는 것은 실수입니다. 우리는 종종 자신이 얼마나 강력한지 깨닫지 못합니다.

그릇된 목표를 추구하면
고통이 따릅니다

세상의 모든 것은 변합니다. 신체, 재산, 명성, 친척 등 모두가 무상하여 태어날 때 가지고 올 수 없을 뿐만 아니라 죽을 때 가져갈 수도 없습니다. 오로지 자신의 마음만이 우리가 태어나고 죽을 때 함께할 뿐입니다.

옛날에 네 아내를 둔 한 상인이 있었습니다. 상인은 넷째 부인을 가장 총애하여 그녀의 말은 뭐든 다 들어주었습니다. 셋째 부인은 고생 끝에 얻은 부인이라 언제나 그녀를 가까이 두었고, 부인도 달콤한 말로 상인을 즐겁게 해 주었습니다. 둘째 부인은 날마다 얼굴을 대하는 사이로, 흉금을 털어놓는 친구 같은 여인이었습니다. 첫째 부인은 하인처럼 무슨 일을 시켜도 고분고분했지만, 남편은 이 부인을 별로 마음에 두지 않았습니다.

하루는 남편이 멀리 길을 떠날 일이 생겼습니다. 그는 네 부인에게 누가 함께 가고 싶은지 물었습니다.

넷째 부인이 딱 잘라 거절했습니다.

그 후 셋째 부인이 말했습니다.

"당신이 그리 아끼는 넷째 부인조차 가지 않는데 내가 왜 가야 하나요?"

둘째 부인이 말했습니다.

"마을 어귀까지는 배웅하겠지만 당신을 따라 먼 곳까지 함께할 수는 없습니다."

마지막으로 첫째 부인이 말했습니다.

"당신이 어디를 가더라도, 또 얼마나 먼 길을 가더라도 당신과 함께 가야지요!"

이 이야기가 우리에게 말하는 것은 무엇일까요?

여기서 가장 총애받는 넷째 부인은 우리의 '신체'에 비유됩니다. 사람이 살아 있을 때는 신체가 가장 중시됩니다. 그러나 죽고 나면 신체는 우리와 함께할 수 없습니다.

셋째 부인은 우리의 '재산'에 비유됩니다. 아무리 힘들게 모았더라도 죽을 때는 조금도 가지고 갈 수 없습니다.

둘째 부인은 세간에서 말하는 '친구'에 해당합니다. 그들은 우리가 죽었을 때 가장 긴 시간 동안 애도하고 우리의 시신을 묻어 줍니다. 하지만 역시 죽을 때 함께 갈 수는 없습니다.

첫째 부인은 우리의 '마음'에 해당합니다. 마음은 우리와 가장 긴밀하지만 가장 소홀하기 쉽습니다. 우리는 온 힘을 마음이 아닌 외부의 것들에 쏟으려 하기 때문입니다.

그래서 어떤 현인은 다음과 같이 말했습니다.

"사람에게는 기이한 점이 참 많다. 빨리 어른이 되고 싶어 하면서 막상 자라고 나면 어린 시절을 그리워한다. 건강을 해치면서 돈을 벌어 놓고는 얼마 후 돈으로 건강을 사려고 한다. 살아 있을 때는 죽음을 저 멀리 있는 것으로 여기지만 죽음이 닥치면 아직 충분히 살지 못한 것처럼 행동한다. 미래에 대해 그렇게도 마음 졸이면서 정작 눈앞의 행복은 놓치고 만다."

만약 우리가 모든 것이 무상하다는 것을 알고, 인연이 닿을 때 모이고 인연이 다할 때 헤어진다는 이치를 안다면 지금 가진 모든 것이 더욱 빛나게 될 것입니다. 세간의 명예와 이익을 광풍처럼 추구하지 않는다면 설령 불행을 만나더라도 절망에 빠지지는 않을 것입니다.

즉, 무상을 잘 알고 무상을 받아들이면 우리의 몸과 마음은 탁 트이게 될 것입니다. 또 어떤 어려움을 겪더라도 이리저리 따지거나 하늘을 원망하고 남을 원망하지 않을 것입니다.

낙관과 비관의 차이

얼마 전, 한 거사가 전화를 해 저에게 말했습니다.

"켄포*님, 저는 최근에 기분이 계속 울적하고 아주 비관적입니다. 그래서 환경을 조금 좋은 곳으로 바꾸면 기분이 좋아지지 않을까 생각하고 있습니다."

거사의 말을 듣자 저는 한 고사가 생각났습니다.

아들 둘을 둔 아버지가 있었습니다. 아버지는 두 아이의 이름을 각각 '낙관'과 '비관'으로 지었습니다.

이 두 아들은 어릴 때부터 같은 환경에서 자랐지만 성격은 완전히 딴판이었습니다. 낙관이는 어떤 어려움을 만나도 언제나 싱글벙글 쾌활했으며, 비관이는 별 어려움이 없어도 언제나 걱

---

* 티베트에서 불교 교리에 통달한 스님을 지칭하는 용어로, 우리나라 승가대학의 학장 스님과 유사하다.

정으로 마음이 무거웠습니다.

아버지는 두 아들의 성격이 이토록 다른 이유에 대해 자신이 이름을 잘못 지었기 때문이라며 자책했습니다. 그래서 어느 날 아버지는 비관이를 위로하기 위해 멋진 장난감을 주어 갖고 놀게 하고 낙관이는 소똥 무더기에서 놀게 했습니다.

한참 후 아버지는 두 아들이 어떻게 노는지 보러 갔습니다. 놀랍게도 낙관이는 소똥 무더기 안에서도 아주 재미있게 놀고 있었습니다.

"아버지가 저를 여기서 놀게 한 것은 분명 소똥 안에 어떤 보물이 있어서죠? 저는 지금 재미있게 찾는 중이에요."

반면 실망스럽게도, 불쌍한 비관이는 여전히 상심하여 장난감 더미에 앉아 있는 것이 아니겠습니까. 대부분의 장난감은 화가 난 비관이가 집어 던지는 바람에 부서져 있었습니다.

아버지는 비로소 알게 되었습니다. 사람의 정서를 바꾸려고 다른 것에 의지하는 태도는 조금도 도움이 안 된다는 사실을 말입니다.

비관을 낙관으로 바꾸는 것은 자신의 마음에 의해서만 가능한 일입니다. 사실 세상의 모든 것은 우리 마음이 밖으로 나타난 것입니다. 마음 상태가 다르면 같은 사물을 보더라도 그 관점이 천양지차로 다릅니다.

같은 반 잔의 물을 보고 비관적인 사람은 반이 비어 있다고 상심하지만, 낙관적인 사람은 반이 차 있음에 만족합니다. 같은 장미꽃을 보고도 비관적인 사람은 꽃 아래에 가시가 있다고 탓하지만, 낙관적인 사람은 가시 위에 꽃이 웬일이냐고 감탄합니다.

우리는 이러한 사실들을 통해 인생의 고통과 즐거움은 결코 외부 대상에 의해 결정되는 것이 아님을 알 수 있습니다. 미국의 철학자 랠프 월도 에머슨Ralph Waldo Emerson도 "생활의 즐거움은 생활하는 사람 자신에게 달려 있는 것이지 일이나 사는 곳에 달려 있지 않다."라고 했습니다.

우리 인생에서 열에 아홉은 뜻하는 대로 되지 않습니다. 만약 이러한 고통을 제대로 직시하지 않고, 맹목적으로 하늘을 원망하며 남을 탓하고, 환경을 바꾸어 즐거움을 얻고자 한다면 이는 실현되기 어렵습니다.

그러므로 어떤 환경에 처하더라도, 어떤 좌절을 겪더라도 외부 환경을 원망하기보다는 고요히 자신의 마음을 다스리는 것이 더욱 좋습니다. 이는 그 무엇보다 유용합니다!

고통과 즐거움은
모두 마음의 작용입니다

얼마 전에 마음이 아주 잘 맞는 친구와 이런저런 이야기를 나누었습니다. 불법佛法에서 시작해 인생을 이야기하다 보니 화제가 삼라만상, 온갖 이야기로 흘러가게 되었습니다. 그러다 보니 어느덧 점심 공양 시간이 되었고, 어떤 사람이 국수를 보내왔습니다. 얼핏 보아도 정말 맛있어 보였습니다. 먹어 보니 감탄할 정도의 맛이었습니다.

옛말에 "마음 맞는 사람과 술을 마시면 천 잔도 적다."라는 말이 있듯이 국수도 마음이 통하는 사람을 만나면 저절로 맛있어지나 봅니다. 마음의 힘이란 이렇듯 불가사의합니다.

제가 열 살이 채 되지 않았을 때, 한번은 아버지를 따라 작은 마을에 간 적이 있습니다. 그 마을의 아주 허름하기 짝이 없는 식당에서 국수를 먹었는데 그 맛이 이루 말할 수 없이 좋았던 기억이 있습니다. 그 후 몇십 년이 흐르는 동안 세상 사람들이 맛있다고 하는 여러 음식을 먹어 보았지만 그때 그 국수 같은 맛은 찾지 못했습니다.

시골 마을의 국수 한 그릇에 무슨 대단한 맛이 있지 않다는 것을 잘 압니다. 사실 모두 마음의 작용일 뿐이지요. 당시는 집을 한번 나선다는 것이 쉽지 않은 일이어서 신이 난 상태였고, 또 맛있는 음식이 많지 않던 시절이어서 그랬던 것입니다.

옛날 한 황제가 어쩌다가 피난을 가게 되었습니다. 피난길에 그는 평소 전혀 먹지 않던 두부를 우연히 맛보게 되었는데 그 맛이 천상의 감로와 같더랍니다. 어찌나 구수하던지 나중에 황궁으로 돌아온 황제는 주방에 명하여 두부를 준비하게 했습니다. 그런데 아무리 해도 예전 그 맛이 나지 않았습니다. 이에 황제는 죄 없는 주방장을 여러 명 죽이기까지 했습니다. 피난 가던 상황에서 맛보았던 두부 맛에 집착해서 주방장이 그 맛을 내지 못한다고 참형을 내린 것이지요. 만약 그 황제가 '모든 경계는 마음에서 만들어지는 것(경유심조境由心造)'이라는 이치를 알았다면 무고한 사람을 죽이는 일까지는 하지 않았겠지요.

그렇지만 세상에는 이런 이치를 아는 사람이 몇이나 될까요?

다른 사람의 어깨에
영원히 기댈 수는 없습니다

만약 사람이 언제나 다른 사람의 도움에 의지해 생활하고 출세한다면 그런 상태는 아마도 오래가지 못할 것입니다. 예를 들어, 어떤 사람이 부모의 지위나 연줄에 의지해 좋은 직업 등을 얻었다고 합시다. 그러나 부모의 지위라는 것은 바뀔 수 있고, 또 부모는 언젠가는 먼저 떠나기 마련입니다. 어찌 영원히 의지할 수 있겠습니까. 그러니 자기 자신을 의지하는 것이 가장 좋습니다.

옛날에 백조 두 마리와 거북이 한 마리가 연못에서 아주 편안하게 함께 살았답니다. 어느 여름, 가뭄으로 연못의 물이 말라가자 세 친구는 걱정이 되어 안절부절못했습니다. 두 백조가 상의했습니다.

"여기서 가만히 기다리다 죽을 수는 없어, 다른 호수를 찾아 날아가야 해."

거북이가 가만히 듣고 보니 무정한 백조가 괘씸하기 짝이 없었습니다. 백조가 거북이에게 말했습니다.

"우린 날아가면 되지만 너는 날지 못하니 어떡하니?"

이때 거북이가 기지를 발휘했습니다.

"이러면 되겠다. 너희 둘이 나무 작대기 끝을 각자 입에 물고 내가 작대기 가운데를 입에 무는 거야. 이렇게 하면 셋이 같이 날 수 있지 않겠어?"

두 백조는 듣고 보니 일리가 있다고 생각해 막대를 구해 입에 물었습니다. 그렇게 셋은 멀리 있는 연못을 향해 날기 시작했습니다. 셋이 어느 마을 위를 날고 있을 때, 개구쟁이 녀석들이 이 희한한 광경을 보게 되었습니다. 아이들은 손뼉을 치며 소리쳤습니다.

"백조야, 백조야, 똑똑하기도 하지! 거북이를 달고 하늘을 날다니⋯."

이 말을 들은 거북이는 가만히 생각해 보니 아주 억울했습니다.

'이렇게 날 수 있는 아이디어를 낸 건 난데 왜 백조가 칭찬을 받지?'

거북이는 불만이 가득했지만 따지지 않고 묵묵히 두 백조에 매달려 계속 날아갔습니다. 또 다른 마을 위를 날 때, 한 무리의 아이들이 그 광경을 보았습니다. 그들도 이 재미있는 모습에 폴짝폴짝 뛰며 백조의 머리가 좋다고 칭찬했습니다. 거북이는 듣다 듣다 결국 참을 수가 없어 모든 상황을 잊고 소리를 질렀습니다.

"이렇게 하늘을 나는 건 내가 생각해 낸 방법이라고!"

고함 소리와 함께 거북이는 땅으로 떨어져 죽고 말았습니다.

남에게 의지하면서도 부주의하고 오만한 사람의 행운은 결국 사라질 것입니다. 누군가 우리에게 친절하다면, 그 친절에 감사합시다.

다른 사람에 기대어 사는 삶은 이 이야기 속의 거북이와 같아, 결국에는 재앙을 만나기 마련입니다. 그러므로 우리는 받은 도움에 감사하되, 자립하고 자주적이어야 하며 여러 방면에서 자신의 능력을 키우기 위해 노력해야 합니다.

옛말에 "지식인은 의복이 남루함을 걱정하지 않고 머리에 아무것도 들지 않은 것을 염려한다."라고 했습니다. 진정한 재능과 견실한 학문이 있다면 어디에서든 자신의 영역을 구축할 수 있습니다. 그렇지 않고 만사를 남에게 의지한다면 "산에 기대면 산은 무너질 수 있고 강에 기대면 강은 마를 수 있으니" 결국 어느 곳에도 기댈 수 없게 됩니다.

받은 은혜는 영원히 잊지 말고, 베푼 은혜는 잊어버리세요

대승불교는 은혜를 갚는 것만 중시하고 원수를 갚는 것은 주장하지 않습니다. 그렇게 하기 힘들지라도, 원수는 최대한 용서하고 은혜는 최대한 갚아야 합니다. 만약 다른 사람의 은혜를 입었다면 항상 '한 방울의 은혜라도 용솟는 샘물처럼 갚아야 한다'는 생각을 마음에 품어야 합니다.

유명한 수학자 후와루오껑華羅庚 선생은 "남이 나를 도운 것은 영원히 잊지 말고, 내가 남을 도운 것은 마음에 두지 말라."고 했습니다. 마찬가지로 다른 사람과 원수진 일이 있으면 최대한 빨리 잊어버리고 마음에 담아 두지 말아야 합니다.

마음이 넓은 사람은 다른 사람으로부터 받은 상처에 원한을 품지 않을 뿐만 아니라 오히려 그것을 은혜롭게 생각합니다.

대승불교에도 이와 관련된 옛이야기가 있습니다.

어느 날 저녁, 한 스님이 절로 돌아가던 중에 억수 같은 비를 만났습니다. 점점 굵어지던 빗줄기가 멎을 낌새가 없던 차에 멀리 저택이 하나 보였습니다. 스님은 다행이라 생각하고 하룻밤 비바람을 피하고자 저택을 향해 갔습니다. 규모가 꽤 큰 그 저택에 도착하니 문지기가 나와서 스님이 찾아온 이유를 묻고는 차갑게 말했습니다.

"우리 주인은 지금껏 불교와 인연이 없었으니 다른 곳을 찾아보시오."

스님이 간청했습니다.

"비는 이리 세게 내리고 근처엔 인가도 없는데 좀 부탁드립니다."

문지기는 말했습니다.

"내가 마음대로 결정할 순 없으니 들어가서 주인 나리께 물어보리다."

문지기는 잠시 후 나와서 주인이 승낙하지 않았다고 전했습니다. 스님은 처마 밑이라도 좋으니 안 되겠냐고 다시 청했으나 여전히 거절당했습니다. 스님은 어쩔 수 없이 저택 주인의 이름을 물어 두고는 비바람을 무릅쓰고 홀딱 비를 맞으며 절로 돌아갈 수밖에 없었습니다.

그로부터 삼 년이 흘렀습니다. 그 저택의 주인이 첩을 들였습니다. 그 첩이 절에 가서 향을 올리고 복을 빌고자 하여 주인이 따라나섰습니다. 절에 도착한 주인은 자기 이름이 무병장수를 기도하는 명패에 올려져 있는 것을 보고 깜짝 놀라지 않을 수 없었습니다. 주인은 어찌 된 일인지 어린 스님에게 물었습니다.

어린 스님이 대답했습니다.

"이건 저희 주지스님께서 삼 년 전에 올리신 것입니다. 어느 날 큰비를 맞고 절로 돌아오시곤 어느 시주施主께서 당신과 선한 인연이 없음을 애석해 하시면서 바로 그날 장생부에 이름을 올리신 것입니다. 주지스님께서는 매일 독경하시면서 그분에게 공덕을 돌리셨고, 그분과 주지스님 사이의 원망이 풀리고 선한 인연이 깃들기를 바라셨습니다. 더불어 그분이 하루빨리 고통에서 벗어나 즐거움을 얻기를 축원하셨습니다. 다른 자세한 사정은 저도 잘 모릅니다."

설명을 들은 저택 주인은 옛일을 바로 알아차리고 부끄럽고 불안한 마음으로 어쩔 줄을 몰랐습니다. 이후 주인은 이 절의 신실한 공양주가 되었습니다.

이는 악연을 선연으로 바꾼 이야기입니다. 우리도 이 주지스님처럼 할 수 있을까요? 누군가가 당신을 도와주지 않고 심지어 해까지 끼친다면, 그래도 당신은 계속 그에게 관심을 기울일 수 있습니까? 삼 년 동안 그를 위해 독경하고 축원해 줄 수 있나요?

대승불교는 원수에게 앙갚음하는 것이 아니라 다른 방법으로 그에게 은혜를 베풀 것을 권합니다.

　　문득 마크 트웨인^{Mark Twain}이 한 말이 생각납니다.

　　"용서란, 제비꽃을 짓밟고 지나간 발의 뒤꿈치에 그 꽃이 퍼뜨리는 향기와 같다."

이겨 내지 못한 고난은
굴욕이 됩니다

어떤 사람은 고난을 안락함과 행복을 얻는 데 '장애'라고 생각하기 때문에 받아들이려 하지 않습니다. 하지만 이것은 피상적인 생각입니다. 고난을 동력으로 바꿀 수 있는 사람에게 그것은 오히려 큰 공덕과 이익이 됩니다.

석가모니의 생애를 담은 전기를 읽어 본 사람은, 붓다가 처음 출가에 뜻을 둔 것은 성의 사문 밖을 여행할 때 늙고 병들고 죽는 고통을 보고 돌연히 해탈하고자 하는 마음이 생겼기 때문임을 알 것입니다. 석가모니의 제자 중 한 명인 연화색비구니連花色比丘尼도 갖은 고통을 겪고서는 출가 후 피나는 정진을 했고 마침내 아라한과阿羅漢果*를 얻었습니다. 이러한 사례는 매우 많습니다. 고승대덕들은 모두 참기 힘든 고난을 겪은 후 마침내 큰 성

* 모든 번뇌를 끊어 생사의 세계에 윤회하지 않는 '아라한'의 경지에 이른 성자의 지위

취를 얻었습니다.

영국의 전 총리 윈스턴 처칠Winston Churchill은 어느 성공한 기업가들의 모임에서 유년 시절에 겪은 고난을 감동적으로 말하는 한 부자의 이야기를 들었습니다.

"고난, 이것은 우리에게 재산이 될까요, 굴욕이 될까요? 고난과 싸워 이겨 내면 재산이요, 고난에 지면 굴욕입니다."

처칠은 아주 간단한 이 말을 마음 깊이 새겨 두었고 이러한 정신을 견지하여 마침내 영국 정계의 거두가 되었습니다.

인생에는 약간의 고난이 있어야 역경을 딛고 일어서는 잠재력과 용기를 불러일으킬 수 있습니다. 굳센 사람은 고난을 전진하는 동력으로 바꾸어 성공에 도움이 되게 합니다. 조금의 고난도 없는 편안하고 나태한 삶은, 마치 아무 짐도 싣지 않은 바다 위의 빈 배와 같아서 '세찬 바람과 큰 파도'를 만나면 쉽게 뒤집힙니다.

인내의 지혜

인생의 여정이 늘 평탄하고 순조로울 수만은 없을 것입니다. 부드러운 바람과 아름다운 햇살이 항상 있는 것은 아닙니다. 선업과 악업을 짓고 살아가는 우리는 역경을 피할 수 없습니다. 그러므로 인내의 지혜는 우리에게 특히 중요한 덕목이라고 할 수 있습니다.

옛날에 진견盡見이라 불리는 대신이 있었습니다. 어느 날 국왕이 그에게 황금 오백 냥을 주면서 세상에서 가장 좋은 물건을 사 오라고 명했습니다. 대신은 여러 나라를 다녔으나 아무것도 살 수 없었습니다. 그러다가 그는 길에서 한 노인이 외치는 소리를 들었습니다.

"지혜 사시오, 지혜 사시오! 누가 지혜 좀 사지 않겠소?"

대신은 이것이야말로 자기 나라에서는 팔지 않는 물건이라 여겨 물었습니다.

"그게 얼마요?"

"황금 오백 냥이라오. 선불입니다."

대신이 황금을 건네자 노인은 옹골지고 또렷한 목소리로 말했습니다.

"이것은 진정한 인생의 지혜라오. 모두 열두 글자인데 반드시 잘 기억하기 바라오. 그것은 바로 '완일완 재생기 상일상 재행동緩—緩 再生氣 想—想 再行動*'이오."

이 말을 들은 대신은 억울한 생각도 들고 이미 준 오백 냥이 아까워 후회가 막심했습니다. 대신이 집에 돌아오니 이미 밤이 깊었습니다. 그런데 그가 침실로 들어가니 아내 옆에 어떤 사람이 누워 있는 게 아니겠습니까! 경박하고 지조 없는 여자가 꼬리를 쳐서 남자를 끌어들였다고 생각해 화가 머리끝까지 난 대신은 바로 옆구리에 차고 있던 칼을 빼내 아내를 향해 쳐들었습니다.

이때 갑자기 대신은 오백 냥이나 주고 산 열두 글자가 문득 생각났습니다. 그 글자를 되뇌며 다시 자세히 보니 아내 옆에 누워 있던 사람은 바로 자기 어머니였습니다. 마침 그날 몸이 아프던 아내를 어머니가 와서 돌보고 있었던 것이지요.

---

* '느긋이 화를 내고, 한 번 더 생각하고 행동하라'라는 뜻

대신은 비로소 이때서야 열두 글자 하나하나가 주옥같이 훌륭함을 알았습니다. 만약 그 글자가 생각나지 않았다면 큰 화를 면할 수 없었을 것이니, 어찌 아내와 모친의 목숨을 황금 오백 냥에 비하겠습니까.

세상의 큰일들은 종종 아주 사소한 실수로 일어납니다. 남을 용서하지 않거나 감정적으로 일을 처리하면 아주 짧은 시간에 돌이킬 수 없는 결과를 초래하기도 합니다. 그래서 분노를 느낄 때는 어떤 결정을 내리거나 충동적으로 행동하는 것을 피해야 합니다.

화난 마음은 사실 여름날 폭풍우와 같아서 사납다가도 한순간만 지나면 비가 그친 하늘처럼 잠잠해질 수 있습니다. 크게 화가 날 때는 잠시 멈추고 느긋한 마음으로 심호흡하면서 마음이 차분해질 때까지 기다리세요. 그러면 이성을 잃고 어리석은 행동을 하는 경우를 겪지 않을 것입니다.

융통성 없는 사람

어떤 사람은 융통성이 있어서 각각의 일에 따라 서로 다른 대책을 세웁니다. 반대로 어떤 사람은 앞뒤가 꽉 막혀 어떤 일을 해도 같은 방식만 고집하다가 일을 망치곤 합니다.

옛날에 금세공인과 목수가 함께 길을 가다가 광야에 이르러 그만 강도를 만나게 되었습니다. 목수가 웃옷을 뺏기자 금세공인은 냅다 도망쳐 수풀 속에 숨었습니다. 목수는 옷깃에 금화 한 닢을 숨겨 놓고 있던 터라 강도에게 말했습니다.

"옷 안에 금화가 한 닢 숨겨져 있으니 그건 내게 돌려주시오."

강도가 물었습니다.

"금화가 어디 있다고?"

목수는 옷깃을 헤치고 금화를 꺼내 강도에게 보여 주며 말했습니다.

"이건 진짜 금이라오. 만약 못 믿겠다면 저기 수풀 속에 숨어 있는 내 친구에게 감별하게 해 보시오. 그는 훌륭한 금세공인이라오."

이 말을 들은 강도는 금세공인을 찾아내 그의 옷과 짐까지 홀라당 빼앗아 가 버렸습니다.

이 목수는 참으로 융통성이 없는 사람이지요? 자신의 물건을 빼긴 것도 모자라 친구의 재산마저 빼기게 했으니 말입니다. 융통성 없는 사람의 답답함은 여기서 그치지 않습니다. 융통성이 없으면 큰 화를 초래하기도 합니다.

복잡다단한 일을 처리할 때 융통성 없고 우둔하게 행동하면 좋은 결과를 얻기 어렵습니다. 흡사 뾰족한 화살을 아무 생각 없이 쏘는 것과 같습니다. 화살로 사람을 조준하면 사람을 다치게 할 것이며 심하면 목숨을 잃게 할 수도 있습니다. 바위, 절벽, 철문과 같이 단단한 물건을 조준하면 화살이 부러져 오히려 자신이 다칠 수도 있습니다.

화 잘 내는 사람은
가족에게도 외면받습니다

　설령 재산이 많고 선행과 보시布施*를 좋아하는 사람이더라도 화를 잘 낸다면 가족조차 그와 함께하고 싶지 않을 텐데, 다른 사람은 말해 무엇 하겠습니까. 화를 잘 내는 사람은 독사와 같아 불시에 사람을 해칠 수 있으니 누가 독사와 함께 살고 싶겠습니까!

　화를 내면 어떤 결과를 초래할까요?

　화는 모든 안락을 깡그리 부숴 버리고 즐거움이 생길 틈을 주지 않으며 초조로 잠을 못 이루게 합니다.

　『본사전本師傳』에도 이런 말이 있습니다.

　"화내는 사람의 얼굴은 순식간에 추하게 일그러지고, 아무리 좋은 장신구를 걸쳐도 장엄함은 사라지며, 아무리 좋은 침대에

---

* 자비심으로 남에게 재물이나 불법(佛法)을 베푸는 일

누워도 가시밭에 누운 듯 전전반측 잠을 못 이루고….”

쉽게 화를 내는 사람은 병도 얻기 쉽습니다. 대부분 고혈압, 심장병, 위장병, 불면증, 조현병 등의 질병에 시달립니다. 재산이 많든 적든, 지위가 높든 낮든 아랫사람에게 은혜를 베풀다가도 종종 크게 화를 내어 그의 몸과 마음에 상처를 준다면, 아랫사람도 결국에는 고마워하지 않고 심하면 보복하려는 마음까지 생길 것입니다.

역사적으로도 이런 사례가 무수히 많습니다. 큰 인물들마저 종종 스스로 화를 다스리지 못해 부하의 반란을 불러일으키고 죽임을 당하기도 합니다. 그런즉 내심으로 부단히 이 화를 제거하지 않으면 아무리 많은 물건을 보시하더라도 사람을 따르게 할 수 없고 또 사업도 성공할 수 없을 것입니다.

당연한 말이지만 화가 났을 때 이를 억누르기만 하는 것은 결코 좋지 않습니다. 여러 방법을 통해 풀어야 합니다. 그렇지 않고 화가 마음속에 남아 있으면 화산처럼 에너지를 축적했다가 어느 순간 강렬하게 폭발하고 말 것입니다. 다음 이야기는 지혜로써 어떻게 자신의 화를 잘 다스렸는지 설명해 줍니다.

중국 역사상 아주 복 받은 삶을 살았다고 할 수 있는 사람이 당나라 때의 곽자의郭子儀입니다. 그는 네 명의 왕을 섬긴 원로이자 꼿꼿한 삶을 산 무장이지요. 한번은 전쟁으로 어지러울 때 곽자의의 적이 그의 조부의 묘를 파헤치는 만행을 저질렀습니다. 곽자의는 이 말을 듣고 대성통곡했지만 그래도 보복하지 않고 화도 내지 않았습니다. 그는 단지 이렇게 말할 뿐이었습니다.

"천하에 전란으로 죽은 자가 많다. 원수가 되다 보니 서로 조상의 묘를 파헤친 사람도 이루 셀 수 없이 많다. 나는 군사를 거느린 장군이니 내 부하들은 또 얼마나 많은 적군의 조상 무덤을 파헤쳤겠는가. 이번엔 내 차례가 되어 나 곽자의가 만고의 불효자가 된 것일 뿐이다!"

곽자의의 첫째 반응은 바로 원수의 잘못을 보편화한 것입니다. 난리 중에 원한으로 조상의 묘를 파헤치는 일을 다반사로 여긴 것이지요. 두 번째 반응은 이 일을 통해 자기 자신을 반성한 것입니다. 우리 군대도 남의 묘를 파헤치지 않았겠는가 하는 것이지요. 세 번째 반응은 자신을 죄인으로 삼고 남을 탓하지 않은 것입니다. 이런 그의 태도로 볼 때 곽자의의 복은 결코 저절로 온 것이 아니라 자기 수양을 통해 온 것이라는 점을 알 수 있습니다. 조상의 묘가 능멸당하는 상황에서도 화를 내지 않는 것은 진정으로 인내의 최고 경지에 도달한 것이라 할 수 있습니다.

일상생활에서 분노를 일으키는 일을 만났다면, 다음 네 가지 지혜를 사용해 마음을 다스려 보세요.

첫째, 세상에 절대적인 악인은 없고 다만 '악'이 있을 뿐이다. 그도 단지 업력 때문에 어쩔 수 없이 악행을 했을 뿐이니 우리는 용서하는 아량을 가져야 한다.

둘째, 인생은 일장춘몽과 같으니 지나치게 집착할 필요가 없다. 그렇지 않으면 너무 많은 고통이 따른다.

셋째, 중생은 원래 모두 부처이니 나를 화나게 하는 것은 그가 아니라 그의 번뇌이다. 그의 번뇌에 대해 화를 낸다는 것은 얼마나 어리석은 행동인가!

넷째, 만약 돌이킬 수 있는 일이라면 화를 낼 필요가 없다. 만약 돌이킬 수 없는 일이라면 화를 낸다 한들 무슨 소용이 있을 것인가?

화가 날 때 자신의 마음을 관찰할 줄 알아야 합니다. 대개의 경우 일이 처음 발생했을 때는 그리 크게 화가 나지 않습니다. 화는 나중에 치밀어 오르곤 합니다. 우리가 화를 제때 억제하지 못하면 화는 계속 퍼져 확산합니다. 사실 어떤 경우 화는 스스로 부채질한 것입니다. 그러므로 역경에 처하거나 해를 입었을 때는 지혜로 마음을 조절하여 화가 더욱 커지지 않도록 해야 합니다. 분노에 굴복하지 마세요. 그렇지 않으면 화가 들불처럼 커져 결국에는 여태 쌓아 온 모든 공덕을 태워 버릴 것입니다.

괴로움을 없애려면
관세음보살 진언을 외우세요

저는 어렸을 때부터 관세음보살에 대해 아주 깊은 신심이 있었습니다. 이유는 여러 가지가 있겠지만 하나는 제가 불교 가정에서 태어나 어릴 때부터 불교의 가르침에 대해 남다른 믿음이 있어서이고, 다른 하나는 티베트의 모든 가정은 관세음보살 진언mantra을 외우며 살기 때문입니다.

가끔 어렸을 때를 회상해 보면, 비록 물질적으로 풍요롭지는 않지만 사람들의 마음이 참 순수했습니다. 그런 분위기에서 성장했기 때문에 저는 어린 시절 소를 먹이러 나가면서도 항상 염주를 들고 가서 관세음보살 진언을 외웠습니다. 정확히 기억할 수는 없지만 아마 수백만 번 넘게 외웠겠지요.

관세음보살 진언은 티베트 사람들과 떨어질 수 없는 주문입니다. 집집마다 관세음보살 진언에 아주 익숙하고 그것을 외우는 일의 공덕을 잘 알고 있습니다. 어떤 사람은 관세음보살에 대해 잘 모르면서도 매일 무조건 진언을 외우는데 그 횟수가 깜짝 놀랄 만합니다. 저희 부모님 연배는 기본적으로 일억 번 이상이고, 삼억, 육억, 칠억 번을 외운 사람도 있습니다. 이러한 현상은 티베트에서 아주 흔합니다.

관세음보살 진언을 외우는 것이 왜 중요할까요? 롱첸빠Long-chenpa 존자는 『여의보장론如意寶藏論』에서 특별히 『불설대승장엄보왕경佛說大乘莊嚴寶王經』을 언급하며 관세음보살 진언과 관세음보살 명호의 공덕에 대해 말합니다.

"이 경의 공덕은 참으로 대단하다. 맹렬한 불과 같아 무시이래로 지은 죄업을 태워 버리고, 맑은 물과 같아 업장을 깨끗이 씻어 준다. 또 광풍과도 같아 신구의身口意로 지은 일체의 장애를 날려 버리고…."

관세음보살 진언의 발음은 '옴마니베메훔Om Mani Padme Hum'입니다. 뒤에 관세음보살의 종자種子가 되는 '서술'를 붙여서 '옴마니베메훔서'라고 하기도 합니다.

관세음보살에 대한 지극한 정성과 믿음이 있기만 하면 발음은 좀 달라도 상관이 없습니다. 중국의 둥베이 지방 사람들과 남부 지방 사람들 발음이 같을 리가 없고 라싸拉薩와 쓰촨四川에서 쓰는 티베트 발음에도 차이가 큽니다. 믿음이 굳다면 돌아오는 공덕은 별 차이가 없을 것입니다. 심지어는 잘못 읽는 경우에도 여전히 공덕이 있습니다.

예전에 한 노스님이 길을 가다가 산 위에 붉은 기운이 감도는 것을 보았습니다. 근처에 필시 수행하는 사람이 있으리라 생각하고 찾았더니 과연 할머니 한 분이 진언을 외우고 있었습니다. 그런데 '옴마니베메훔'이 아니라 '옴마니베메뉴'라고 하는 것이 아니겠습니까? 할머니는 수십 년 동안 매일 '훔'을 '뉴'라고 한 것이지요. 노스님은 자비롭게 말했습니다.

"보살님, 진언은 '옴마니베메훔'이라고 해야 맞습니다."

이 말을 들은 할머니는 매우 상심했습니다. 수십 년 동안 외운 진언이 물거품이 되었다고 생각해 크게 낙담했으나 바로 고쳐 외우기 시작했습니다.

노스님이 할머니와 작별하고 산을 내려와 다시 산 위를 보니, 아까 보이던 붉은 기운이 사라지고 없었습니다. 노스님은 아차 하는 생각에 황급히 다시 할머니를 찾아가 말했습니다.

"보살님, '옴마니베메뉴'가 맞습니다. 제가 농담 한번 해 본 것입니다."

할머니는 기뻐하며 다시 '옴마니베메뉴'를 염송하기 시작했고 산 위에는 다시 상서로운 붉은 기운이 감돌았습니다.

지성이면 감천이라고 하지요. 뜻이 간절하면 다소 잘못 읽더라도 관세음보살의 감응을 얻을 수 있습니다. 만일 정성이 깃들지 않고 후회, 의심 등 분별심으로 염송한다면 아무리 제대로 발음한들 관세음보살과 진정으로 교감할 수 없을 것입니다.

고통을 없애는
다섯 가지 방법

인도의 위대한 학자 아리아데바 Aryadeva는 인간의 고통을 크게 둘로 분류했습니다.

"상층은 마음 때문에 고통스럽고, 하층은 몸 때문에 고통스럽다. 이 두 가지 고통이 늘 중생을 괴롭힌다."

이 말은 상위 계층의 사람은 육체적 고통에서는 자유로울 수 있지만 여전히 업무상 스트레스와 경쟁에 대한 걱정으로 심리적인 고통을 받고 있으며, 하위 계층의 사람들은 의식주의 부족, 힘든 노동 등 육체적인 고통을 받고 있다는 말입니다. 이런 두 부류의 고통 중 하나 혹은 둘 모두가 끊임없이 중생을 괴롭힙니다. 신분의 차이가 사라진 현대에도 이러한 고통은 여전히 존재합니다.

인생은 본래 고통의 연속이지만 많은 사람이 그걸 모르고 있다가 막상 약간이라도 좌절하는 상황이 되면 하늘을 탓하고 남을 원망하기 시작합니다.

"세상은 너무 불공평해! 나는 왜 이리도 운이 없을까, 왜 모든 불행은 꼭 나한테만 닥치지?"

윤회의 본성이 원래 그렇다는 것을 모릅니다. 그렇다면 우리는 고통을 만났을 때 어떻게 대처할 수 있을까요? 불교에서는 아래의 다섯 방법을 포함해 많은 대처법을 전합니다. 설사 약간의 좋지 않은 습성이 뿌리 깊게 박혀 있어 단번에 완전히 끊지 못할지라도, 이를 지속적으로 연습하면 고통은 이내 당신에게서 멀어질 것입니다.

첫째, 이기심을 없애고 중생을 이롭게 한다

매우 힘든 고통에 직면했을 때 우선 고통의 근원은 아집, 즉 자신을 이롭게 하려는 이기심이라는 것을 알아야 합니다. 모든 고통을 완전히 없애려면 먼저 그 근원을 끊어야 합니다. 그 근원을 끊으려면 불교의 가르침을 배워 이기심을 대승불교의 무아無我 정신으로 바꾸어야 합니다.

많은 고통과 번뇌를 안고 살던 이들이 대승불법을 공부하고 자선과 봉사 활동 등 중생에게 도움 되는 일을 자주 하다 보니 자신도 모르게 고통이 사라짐을 경험합니다. 고통을 없애는 방법은 바로 중생을 이롭게 하는 것입니다. 만약 대승의 자비심과 보리심菩提心*이 있다면 더할 나위 없이 좋습니다. 그것이 없더라도 최소한 전통적인 인애仁愛의 도덕심을 키워야 합니다.

둘째, 고통과 즐거움을 모두 수행의 기회로 삼는다

불교에서 고통을 극복하는 또 하나의 방법은 고통을 수행의 도구로 전환하는 것입니다. 다시 말해 원래는 고통이지만 생각을 바꾸어 고통을 고통으로 여기지 않고 수행의 기회로 활용하는 것입니다.

톡메 상뽀^{Thokmé Sangpo}는 〈즐거움을 얻는 노래^{快樂之歌}〉**에서 이와 관련된 이치를 상세히 설명하고 있습니다.

> 병이 있어 즐겁다.
> 병으로 이전의 많은 업장을 소멸할 수 있기 때문이다.
> 병이 없어 또 즐겁다.
> 건강한 몸으로 많은 선행을 할 수 있기 때문이다.
> 돈이 있어 즐겁다.
> 돈으로 공양과 보시를 하면 선근 공덕을 쌓을 수 있기 때문이다.
> 돈이 없어 또 즐겁다.
> 재물에 대한 집착을 끊을 수 있기 때문이다.

---

* 위로는 보리를 구하고, 아래로는 중생을 교화하려는 마음. '보리'는 산스크리트어 'bodhi'를 음차한 것으로 뜻은 지혜(智慧)이다. 그러니까 보리심은 곧 '지혜를 구하는 마음' 또는 '지혜로운 마음'으로도 이해할 수 있다.

** 수행 관련 가르침의 제목

어떤 상황에서도 우리는 즐거울 수 있습니다. 사실 성공을 원한다면 고통은 필수적일지도 모릅니다. 진정으로 지혜 있는 사람은 고통을 전혀 두려워하지 않고 오히려 해탈의 초석으로 삼습니다. 다음 이야기는 바로 그런 이치를 담고 있습니다.

옛날에 한 농부의 나귀가 마른 우물 안에 떨어졌습니다. 농부는 우물 안을 아무리 들여다보아도 나귀를 구해 낼 뾰족한 수가 떠오르지 않았습니다.

결국 농부는 나귀가 너무 늙었고 우물도 말라 쓸모가 없으니 공연히 애쓸 필요 없이 그냥 우물을 메워 버리려고 했습니다. 이에 이웃을 불러 흙을 우물에 집어넣기 시작했습니다. 그런데 놀라운 일이 일어났습니다.

처음에는 당황해 울부짖던 나귀가 등 위에 떨어지는 흙을 툴툴 털어 차곡차곡 밟지 않겠습니까? 흙을 계속 집어넣자 나귀는 그것을 계속 다지고 밟더니, 마침내 흙이 땅 높이까지 올라와 나귀는 밖으로 나올 수 있었습니다.

우리 삶도 이와 같습니다. 많은 고통이 나귀 등 위의 흙처럼 떨어지더라도 우리는 그것을 깔끔하게 털어 발로 다질 수 있습니다. 고통에 묻힐 필요가 없는 것이지요. 만약 이렇게만 할 수 있다면 나귀가 우물에서 벗어나듯이 우리도 윤회의 고통에서 완전히 벗어날 수 있을 것입니다.

셋째, 남과 나를 바꾸어 보는 수행이 필요하다

남과 나의 입장을 서로 바꾸어 보는 것도 고통을 없애는 데 도움이 됩니다. 예컨대 여러분이 중병을 앓고 있거나 명예에 손상을 입었거나 빈털터리가 되었을 때 이렇게 발원할 수 있습니다.

"세상에 나처럼 고통받는 자가 많습니다. 원컨대 그들의 고통을 모두 내가 대신 받게 해 주시고, 그들 모두 고통에서 벗어나 즐거움을 얻게 해 주십시오."

그런 다음 숨을 내쉬면서 자신의 모든 즐거움이 흰 연기로 바뀌어 중생에게 보시한다고 생각합니다. 숨을 들이마실 때는 중생의 모든 고통이 검은 연기로 바뀌어 나의 몸으로 들어온다고 생각합니다.

이것은 고통을 없애는 가장 좋은 방법입니다. 고통과 마주할 때마다 항상 이렇게 수행할 수 있다면 고통은 가치 있는 것이 되고 자아에 대한 집착도 날로 줄어들 것입니다.

넷째, '안인'을 수행한다

안인安忍은 바로 세상에서 말하는 강인함입니다. 강인하다면 고통에 직면하여 쉽게 굴복하지 않을 것입니다.

영향력 있는 인물들의 전기를 읽은 적이 있는데, 그들이 성공했던 요인은 강인함을 유지하여 고통이나 역경에 직면해도 물러서지 않고 극복했다는 점입니다. 반면에 실패한 사람들은 마음이 매우 연약하여 조그만 좌절에도 넘어지고 다시 일어서지 못했습니다.

성공과 실패의 관건은 어디에 있는 것일까요? 바로 자기 마음의 힘이 얼마나 굳건한가에 있습니다. 북송 시대 대문장가이자 시인이었던 소동파蘇東坡도 "옛날부터 큰일을 이룬 사람은 뛰어난 재능뿐만 아니라 확고하고 강인한 의지가 있었다."라고 했습니다.

다섯째, 미팜 린포체Mipham Rinpoche*의 '마음을 유쾌하게 하는 법'을 활용하라

티베트 불교에는 또 다른 수행 방법이 있습니다. 이를 통해 일상에서 만나는 고통을 없애고 항상 유쾌한 마음을 유지할 수 있습니다. 방법은 매우 간단합니다. 우선 두 눈은 허공을 봅니다. 마음은 어느 것에도 집착하지 않고 자연스럽게 긴장을 풀고 편안한 상태를 유지합니다. 그런 다음 '다야타 옴 춰무 미러나 더카 타무 소하Tadyatha om tsomo milena deka tamo svaha'를 염송합니다. 이

---

* 미팜 린포체(1846~1912). 티베트 불교 닝마파의 위대한 스승이자 대학자이다. 의학, 시, 논리학, 그림, 점성술, 연금술 등의 주제로 많은 저서를 남겼다.

진언은 일곱 번을 외워도 좋고 백팔 번을 외워도 좋습니다. 만약 이렇게 수행한다면 날로 좋은 기분이 들고 대인 관계도 개선되며 많은 일이 순조롭게 풀릴 것입니다.

위에서 말한 다섯 가지 방법을 모두 사용할 필요는 없습니다. 사람마다 상황과 능력이 다르니 자신에게 적합한 방법을 택하면 됩니다. 어떤 사람은 병을 약으로 다스리고 어떤 사람은 안마로 다스리며 어떤 사람은 침으로 다스리듯이, 어떤 방법을 취하더라도 그 목적은 고통을 없애는 것입니다.

행복의 열쇠

무릇 티베트에 와 본 사람들은 여기서는 남녀노소를 막론하고, 또 출가자이든 아니든 모두 손에 염주를 들고 있는 것을 보았을 것입니다. 티베트 사람들에게 있어 염주는 장신구나 사악함을 물리치는 부적 같은 것이 아니라 진언(다라니)을 몇 번 염송했는지 세는 도구입니다. 많은 티베트인이 평생 정진하여 염송하는데 그 수가 십억 번이 넘는 사람도 있습니다.

진언을 염송하면 어떤 작용이 있는지 잘 모르는 사람도 있습니다. 궁극적으로 말하면 불보살 주문과 불보살은 아무 차이가 없습니다. 관세음보살 진언은 바로 진정한 관세음보살이며, 문수보살 진언은 바로 진정한 문수보살입니다. 이러한 진언들을 계속 외우면 불보살과 서로 마음이 통할 수 있습니다.

유명한 고승대덕 미팜 린포체도 〈대환화망大幻化網〉*에서 이렇게 말했습니다.

"궁극적인 측면에서 일체 만법은 모든 개념을 초월한 공空이며 아무 구별이 없다. 상대적이고 청정한 측면에서 진언과 본존은 모두 지혜의 화신이다. 둘은 아무 차이가 없으니 진언을 본존으로 여겨야 한다."

사실 이러한 경지는 조금 심오합니다. 만약 이해하기 어려우면 이렇게 생각해 보세요. 옛적 모든 불보살은 각자 다른 발원을 했습니다. 그래서 주문마다 가피력이 다릅니다. 예를 들면 문수보살은 삼세제불三世諸佛** 중 지혜의 본존이므로 문수보살 진언을 염송하면 다른 진언보다 지혜를 얻는 데 도움이 됩니다. 관세음보살은 삼세제불 중 자비의 본존이므로 자비심을 키우고자 할 때 관세음보살 진언을 염송하면 그 효과가 즉시 나타날 것입니다. 이렇게 계속 염송하면 해탈 관련 공덕을 원만히 얻을 수 있을 뿐 아니라 재부財富, 장수, 건강 등 세간의 이익도 얻을 수 있습니다.

이렇게 말하면 일부 완고한 사람은 "바보 같은 소리, 불가능해!"라고 말하며 동의하지 않을 것입니다. 그러나 실제로 이런 진언의 가피력은 여러분도 직접 몸으로 느낄 수 있으며 불교의 가르침과 논리로 설명할 수 있습니다.

---

* 미팜 린포체가 설법한 가르침의 제목

** 과거세, 현재세, 미래세의 모든 부처

오늘날 많은 사람은 진언의 가피력, 전세와 후세, 인과윤회 등 과학으로 설명이 되지 않는 것을 비과학적이라고 말합니다. 그러나 사실 과학의 정의는 '현재까지 알려진 것이지만 아직 뒤집히지 않은 지식'입니다. 그러므로 과학이 반드시 진리일 수는 없습니다. 과학으로만 모든 것을 판단한다면 그것 자체가 이미 미신이 아닐까요? 이런 까닭에 우리는 잘 모르는 것에 대해 마땅히 이성적인 태도로 접근해야 합니다. 무조건 받아들이거나 무조건 부정하는 태도는 지양해야겠습니다. 진정한 과학자라면 열린 마음을 가지고 있을 터이며, 현재로서는 증명할 수 없는 것과 반증할 수 없는 것이 많다는 점도 알고 있을 것입니다. 과학은 여전히 '마음'에 대해 알아 가야 할 것들이 많습니다.

또 어떤 사람들은 불법에 대해 잘 모르면서도 말끝마다 밀종密宗을 배워서는 안 된다고 합니다. 밀종에 진언이 많기 때문이죠. 그러나 실제로 티베트 이외 중국 지역의 사찰에서도 매일 아침저녁으로 능엄주楞嚴呪, 왕생주往生呪, 대비주大悲呪, 십소주十小呪 등을 염송하고 있습니다. 또한 많은 사람이 염송하는『반야심경般若心經』마지막에도 주문이 있는데, 이 주문에 대해 "이것은 무상주無上呪*요, 무등등주無等等呪**이다."라고 말하고 있습니다. 만약 주문이 호환마마처럼 해롭다고 생각한다면 이런 현상을 어떻게 이해해야 할까요?『금광명경金光明經』에서도 "십지보살조차도 번뇌에 빠지지 않으려고 진언의 가피로 보호하는데 하물며 범부***는 말해 무엇하랴?"라고 말합니다.

물론, 부처님께서 설하신 모든 가르침을 무조건 다 받아들이라는 것은 아닙니다. 정확한지 아닌지 우리가 직접 증명해 봐야 합니다. 이에 대해서는 불교의 중관학中觀學이나 인명학因明學에 사유 방법과 논리적인 추리법이 체계적으로 설명되어 있습니다. 부처님은 우리가 사물의 진상을 깨닫기를 원하시는 것이지 무작정 믿기를 원하시는 것이 아닙니다.

* 이보다 더 높은 것이 없는 최고의 주문

** 비교될 만한 것이 없는 최상의 주문이라는 뜻

*** 번뇌에 얽매여 생사를 초월하지 못하는 사람

고통을 피하고
행복을 부르는 진언

석가모니불

생활과 직업의 스트레스를 줄이는 가장 간단하면서도 실용적인 선수행 방법은 다음과 같습니다. 우선 집중해서 석가모니 불상을 잠시 응시한 뒤 눈을 감고 회상합니다. 부처님 상호相好가 잊히면 다시 한번 봅니다. 그 후 다시 회상하고… 이렇게 해서 눈을 감아도 석가모니부처님의 상호가 뚜렷이 나타날 때까지 계속 훈련합니다. 좌선을 통해 선정 상태에 들어가고 싶다면 이 방법이 가장 가피력 있는 방법입니다. 석가모니불 진언인 "다야타 옴 모니 모니 마하 모니예 소하Tayata om muni muni maha muniye svaha"를 염송해도 됩니다.

장수불

자신과 타인의 수명을 연장하고 싶거나 요절과 사고사를 피하고자 한다면 정성을 다해 장수불에 기도하십시오. 장수불 진언은 "옴 아마라니 지완 더에 소하^{Om amarani jivan teye svaha}"입니다.

금강살타

과거에 고의로 지은 죄업과 무심코 지은 죄업에 대해 후회한다면 금강살타 진언인 "옴 반잘 사트바 훔^{Om vajra sattva hum}"을 염송하면서 금강살타보살이 감로수를 내려 자신의 죄업을 깨끗이 씻는 것을 생각하세요. 그러면 모든 죄업이 점차 사라집니다.

약사불

경건하게 집중하여 "나무약사유리광여래"를 염송하면서 약사불에 기도하면 모든 질병은 사라지고 용모는 더욱 장엄하게 됩니다.

아미타불

임종 시에 전심전력으로 "나무아미타불"을 염송하면서 아미타불의 장엄한 모습을 생각합니다. 동시에 주위 사람들도 그를 위해 이 염송을 하면 죽을 때의 고통, 두려움이 소멸하여 심신이 편안해집니다. 인연이 있는 자는 극락세계로 왕생할 수 있습니다.

파드마삼바바

정성을 다해 일심으로 "옴 아 훔 반잘 구루 뻬마 세데 훔^{Om ah} hum vajra guru padma siddhi hum"을 염송하면서 파드마삼바바 존자에 기도하면 삼재, 싸움, 흉조, 질병, 횡액 등 모든 상서롭지 못한 일들이 해소되고 수행에 장애가 없어지며 소원이 빨리 성취됩니다.

타라보살

경건하게 일심으로 "옴 따레 뚜따레 뚜레 소하^{Om tare tuttare ture} svaha"를 염송하면서 타라보살에게 기도하면 저주, 자살, 질병 등의 손해가 그치고 일체의 번뇌가 제거되어 마음의 두려움을 없애며 부와 지위, 명예 등 세상의 힘을 얻을 수 있습니다. 지금 시대에 효과를 빨리 볼 수 있는 주문입니다.

지장보살

만약 소원을 이루고 선한 품성을 키우며 복과 부를 풍부히 하고자 하고 또한 망자를 제도하려면 일심으로 "나무지장보살"을 염송하면서 지장보살의 가피를 기원합니다.

문수보살

마음속에 있는 지혜를 발굴하고 취사선택에 대해 명확히 알고자 한다면 일심으로 문수보살 진언인 "옴 아라빠자나 디^{Om}

arapachana dhih"를 염송하세요. 특히 학생이 이 주문을 항상 염송하면 학업에 큰 도움이 됩니다.

관세음보살

어떤 위험이나 위급한 상황에 처했을 때 일심으로 "나무관세음보살"을 염송하면 전화위복이 됩니다.

가루라

불보살이 중생을 이롭게 하기 위해 대붕大鵬의 형상으로 나타난 것입니다. 전심전력하여 가루라에 기도하면 큰 위력을 얻을 수 있습니다. 비인非人, 귀신이 가져오는 각종 해악을 없애며 간질, 혼절 등 약물로 치료하기 힘든 질병에도 특별한 효과를 볼 수 있습니다.

이상의 내용은 창해일속에 불과합니다. 사실 여러 진언과 불보살의 이름을 염송하는 공덕은 몇 권의 책으로도 다 못 쓸 정도로 많습니다. 여기서는 여러분이 편히 선택할 수 있도록 몇몇 불보살의 가장 특징적인 면만 소개했습니다. 자신의 필요에 따라 적합한 방법을 찾으면 됩니다.

불보살의 주문이나 이름을 염송할 때 불보살의 장엄한 모습을 눈으로 보거나 마음으로 그리는 것이 매우 중요합니다. 이렇게 하면 쉽게 산란한 마음을 다스릴 수 있고 불보살의 가피를 얻을 수 있습니다. 사실 불상을 바라보는 것만으로도 불가사의 한 공덕이 있습니다. 모든 장애를 극복하고 무량한 복덕을 쌓게 합니다. 『화엄경華嚴經』에서 "만약 부처님을 바라보기만 해도 일체 장애가 떠나고 무한한 복을 누리며 깨달음의 길에 든다."라고 한 것과 같습니다. 심지어 증오나 멸시의 눈으로 불상을 본다고 해도 부처님과 인연이 생겨 내세에 무한한 이익을 얻을 수 있습니다. 그렇다면 믿음, 공경심, 환희심으로 불상을 볼 경우에는 더 말할 필요도 없겠지요.

만약 불상을 깨끗하고 높은 곳에 모시고 성심껏 예불, 공양, 기도하고 위에서 말한 방법으로 오래도록 수행을 지속한다면, 번뇌는 사라지고 스트레스는 해소되며 고통에서 해탈하게 될 것입니다. 그뿐만 아니라 얼굴은 장엄해지고 음성은 고와지며 재물은 풍족해지는 등 여러 가피력을 얻을 것입니다.

마음에 바라는 바가 있을 때 전심전력으로 부처님께 기도하면 자신의 근기와 인연에 상응하는 이익을 얻을 수 있을 것이라 저는 확신합니다. 심지어 "나무불南無佛"이라고 한 번만 외워도 이번 생과 내세에 헤아릴 수 없이 큰 의미가 있습니다!

2장

부처님처럼
되기

어떤 사람을 대할 때라도
우리는 청정한 마음을 잃어서는 안 됩니다.
마음이 청정하지 않으면
다른 사람의 결점이 커 보입니다.
마음이 청정하면 주위 모든 사람이
보살 아닌 사람이 없습니다.

지켜야 할 비밀

삶에서 비밀을 지키는 일은 중요합니다. 자신의 비밀뿐만 아니라 다른 사람의 비밀도 지켜 주어야 합니다. 어떤 사람은 마음이 불안정하여 다른 사람이 극진히 대우해 주면 숨김없이 심중의 말을 다 뱉어 냅니다. 특히 술에 취했을 때 속내를 잘 드러냅니다.

속담에 이르기를 "비밀이 입에서 나오는 순간 바로 대문을 넘고 곧 세상에 퍼지게 된다."라고 했습니다. 비밀을 지켜 주지 못하면 우리를 믿는 이를 크게 실망시키게 될 뿐입니다.

어떤 사람이 한 대기업에 취직 시험을 치러 갔습니다. 면접을 먼저 보고 난 후 필기시험을 보았습니다. 문제를 보니 별로 어렵지도 않아 술술 써 내려가는데 마지막 문제에 가서 탁 막혔습니다.

"이전 직장에 대해 아는 비밀을 쓰시오. 많을수록 좋습니다."

그가 주위를 둘러보니 다른 응시자들은 열심히 뭔가를 적고 있었습니다. 그는 잠시 생각한 후 시험지를 들고 감독관에게 가서 말했습니다.

"죄송합니다만 마지막 문제에는 답할 수가 없습니다. 설령 이전의 직장이라 해도 비밀을 지켜야 할 의무가 있거든요."

말을 마치고 시험장을 떠났습니다. 이튿날 그는 이 기업의 합격 통지서를 받았습니다. 합격 통지서 말미에는 이렇게 적혀 있었습니다.

"훌륭한 직업 정신. 기밀 유지의 중요성을 아는 사람, 바로 우리가 찾는 사람입니다."

다른 사람을 존중할 줄 아는 사람은 결국 다른 사람으로부터 존중받게 되고, 비밀을 잘 지킨 사람은 다른 사람의 신임을 얻게 됩니다. 또 다음과 같은 어떤 일들은 설령 비밀이 아니어도 자신과 남을 위해 최대한 비밀로 해야 합니다.

첫째, 자신의 장점에 대해 자랑하지 않아야 합니다. 설사 많은 장점이 있더라도 다른 사람에게 자신이 얼마나 대단한 사람인지 자랑할 필요는 없습니다. 만약 장점을 자기 입으로 말한다면 이는 대부분 오만함이 표출된 것입니다. 그러면 다른 사람이 당신을 신뢰하기는커녕 오히려 당신에 대해 여러 부정적인 생각을 할 것입니다.

둘째, 다른 사람의 허물을 감춰야 합니다. 때때로 다른 사람의 행동이 눈에 거슬리곤 하는데, 이는 수양이 부족해서입니다. 다른 사람이 나의 허물을 이야기하면 물론 기분이 좋지 않을 것입니다. 대놓고 흉을 봐도 언짢고 뒤에서 흉을 봐도 언짢습니다. 사나흘 잠도 안 오고 밥도 안 넘어갑니다. 내가 이럴진대 남도 그렇지 않겠습니까? 굳이 남이 허물을 드러낼 필요가 없습니다.

셋째, 미래의 계획을 드러내지 않아야 합니다. 계획이 실현되기 전에 사방에 알리고 다닌다면 장애를 만나기 쉽고 중도에 실패할 수 있습니다. 세상의 모든 것은 본시 무상하니 확실하지 않은 것은 널리 말하지 않는 게 좋습니다.

이러한 교훈은 옛 스승들의 훌륭한 비결입니다. 말은 간단하나 의미는 아주 깊으니 마음 깊이 새기기를 바랍니다.

상대의 마음을
헤아려 보세요

자신의 행동이 누군가에게 어떤 영향을 끼칠지 걱정된다면, 자신을 상대의 입장에 놓고 자문해 보세요. "누군가 나에게 이렇게 해도 나는 받아들일 수 있을까?"

옛날, 자공이 공자에게 물었습니다.
"삶에서 지켜야 할 한 가지가 있다면 그것은 무엇입니까?"
공자가 답했습니다.
"그것은 '서恕'라는 한 글자이다. 자신이 하고 싶지 않은 바를 남에게 시키지 말아야 하느니라."

이것은 예수가 가르친 "남에게 대접받고자 하는 대로 남을 대접하라."는 황금률이기도 합니다. 이와 같은 사상은 불교에서도 아주 중요합니다. 『입보살행론入菩薩行論』은 "자신과 타인 모두 고통을 싫어하는 것은 같다. 나와 남이 무슨 차이가 있겠는가? 왜 자신만 보호하려 하는가?"라고 말합니다. 그러므로 자신이 받고 싶지 않은 고통을 절대로 남에게 주지 말아야 합니다. 상대도 똑같이 원하지 않기 때문입니다.

불교에 잘 알려진 귀자모鬼子母 이야기가 있습니다.

귀자모에게는 천 명의 아들이 있었는데 그중에서도 막내아들을 끔찍이 사랑했습니다. 귀자모는 어린아이 고기를 좋아해서 인간 세상에 나가 살아 있는 어린아이를 잡아먹었습니다. 자식을 잃은 부모들은 참을 수 없어 부처님께 간절히 도움을 구했습니다. 부처님은 이에 신통력으로 귀자모의 막내를 잡아서 자신의 바리때*에 감추어 두었습니다.

집에 와서 막내가 없어진 것을 알게 된 귀자모는 식음을 전폐하고 하늘과 땅끝까지 일주일 동안 찾아다녔으나 끝내 찾지 못했지요. 후에 부처님의 전지전능함을 듣고 부처님을 찾아와 울면서 하소연했습니다. 그러자 부처님께서 말씀하셨습니다.

"너는 천 명의 아들이 있는데 고작 하나 잃고도 그리 애가 타느냐? 다른 이들은 자식이 겨우 두셋이고 어떤 사람은 단 하나인데 네가 잡아먹지 않았느냐? 다른 사람의 심정을 생각해 보

---

* 나무나 놋쇠 따위로 만들어진 스님의 공양 그릇. 주로 절에서 쓴다.

아라. 너보다 더 슬프지 않겠느냐?"

이 말을 들은 귀자모는 바로 깨닫고 부처님께 참회했습니다.

"제가 잘못했습니다. 제 아들만 돌려주신다면 다시는 다른 사람의 아이를 잡아먹지 않겠습니다."

그러자 부처님은 바리때 안에 숨겨 둔 아이를 귀자모에게 돌려주었습니다.

고통을 피하고 즐거움을 추구하는 것은 모든 중생이 같습니다. 이 이치를 마음에 잘 담아 두고, 다른 사람과 관계를 맺거나 문제가 생겼을 때 그 사람과 입장을 바꿔 생각해 보길 바랍니다.

은혜를 알고, 잊지 않으며,
보답합니다

지혜가 있고 인격이 고상한 사람은 다른 사람에게서 받은 은혜를 가슴 깊이 새겨 두고 항상 그것을 상기합니다. 갚을 능력이 없을 때는 어쩔 수 없지만 일단 기회가 되기만 하면 물 한 방울의 은혜일지라도 넘치는 샘물로 갚을 줄 압니다.

그러나 인격이 낮은 사람은 이와는 완전히 반대이지요. 그들은 받은 은혜를 은혜로 여기지 않을 뿐 아니라 그것을 자신의 복이라고 여깁니다. 갚는다는 것은 꿈도 꾸지 않습니다. 심지어 어떤 사람은 원수로 갚기도 합니다. 은인을 비방하고 헐뜯어 자신의 악한 본성을 다 드러내는 사람도 있습니다.

옛날에 한 아버지와 아들이 살았습니다. 지혜로운 아버지는 불교 공부에 정진하다가 임종에 이르러 아들에게 다음처럼 당부했습니다.

"현명한 임금을 섬기고 어리석은 군주는 멀리하며, 어진 아내를 맞고 악녀는 들이지 말거라. 마지막으로 착한 친구와 벗하고 악한 친구와는 사귀지 말거라."

젊고 혈기 왕성한 아들은 아버지의 말씀이 사실인지 확인하고 싶었습니다. 그래서 일부러 우매한 군주를 섬기고 악처를 얻은 다음 착한 친구와 사귀었습니다.

어느 날 그는 국왕을 모시고 명산으로 유람을 하러 갔습니다. 저녁이 되어 두 사람이 동굴에서 묵게 되었는데, 야밤에 갑자기 호랑이 한 마리가 동굴로 뛰어 들어와 왕을 잡아먹으려 했습니다. 위기일발의 순간에 아들은 칼을 빼 호랑이를 죽이고 왕을 구했습니다.

아들은 왕에게 말했습니다.

"오늘 제가 전하의 목숨을 구해 드렸으니 반드시 보답을 해 주셔야 합니다."

왕은 위험에서 벗어나 기쁜 마음에 흔쾌히 수긍했습니다.

그런데 아무리 기다려도 보답이 없자 아들은 슬그머니 화가 났습니다. 그래서 왕이 가장 아끼는 공작을 훔쳐서 아내와 함께 삶아 먹고는 착한 친구에게 이 모든 사실을 알려 주었습니다.

왕은 아끼던 공작이 보이지 않자 현상금을 걸고 공작을 찾기 시작했습니다. 공작의 행방을 알려 주는 사람이 남자라면 나라의 재산 절반을 주고 여자라면 왕비로 삼겠다는 방을 내걸었습니다. 그런데 그의 착한 친구는 아들의 죄를 숨겼지만, 아내는 이익 앞에 의리를 버리고 왕비가 되고자 바로 남편을 고발해 버렸습니다. 왕이 즉시 아들을 잡아 죄를 물으니 그가 말했습니다.

"공작은 제가 죽였습니다만 저는 전하의 목숨을 구한 적이 있으니 용서해 주십시오."

왕은 냉소적으로 대꾸했습니다.

"나를 위해 애쓰는 자가 한둘이 아닌데 내가 어찌 일일이 모든 은혜를 갚는단 말이냐? 너는 내 공작을 죽였으니 오늘 죽어 마땅하다."

이 절박한 순간에 착한 친구가 공작을 한 마리 들고 와서 말했습니다.

"왕께서는 노여움을 푸소서. 공작이 여기 있나이다."

착한 친구가 아들이 위험에 처할 것을 대비해 왕의 공작과 비슷한 공작을 미리 잡아 두었던 것이지요. 왕은 공작을 얻자 더는 따지지 않았습니다.

이런 사건이 있었는데도 아들은 아버지의 말씀을 재확인하고 싶었습니다. 이번에는 현명한 군주를 섬기고 사려 깊은 아내와 결혼하고 나쁜 친구와 사귀었습니다.

어느 날 아들이 왕과 말을 타고 야외로 유람을 갔는데 갑자기 말이 미쳐 날뛰어 길을 잃고 말았습니다. 배고픔과 갈증으로 고통스러울 때 아들은 몸에 지니고 있던 유자 두 개를 왕에게 주어 허기를 면하게 했습니다. 왕은 크게 기뻐하며 은혜를 반드시 갚겠다고 약속했습니다. 그렇게 둘은 겨우 왕궁으로 돌아올 수 있었습니다.

이후에 아들은 왕을 시험해 볼 요량으로 일부러 왕이 제일 아끼는 왕자를 유인하여 잠시 데려와 아내에게 보살피게 했습니다. 그리고 왕자의 옷을 벗겨 나쁜 친구에게 보이면서 왕자를 죽였다고 거짓말했습니다.

아들을 잃은 왕은 전국에 방을 붙여 왕자의 행방을 아는 자에게 큰 상을 내리겠다고 했습니다. 나쁜 친구는 이 소식을 듣고 바로 왕에게 달려가 친구를 고발했습니다. 왕은 반신반의하며 그를 불러 심문했습니다. 그는 왕자를 죽이지 않았지만 일부러 살인을 인정하며 용서를 구했습니다. 왕은 슬피 탄식하며 말했습니다.

"가련하게도 왕자의 명이 너무 박하구나. 내 너를 지금 이 자리에서 죽여도 왕자는 살아 돌아오지 않겠지만 너를 용서해 준다면 이전의 은혜를 갚는 셈이 되겠지."

이 말을 듣고 그는 왕이 진실로 은혜를 알고 은혜를 갚을 줄 아는 어진 임금이라는 것을 깊이 깨달았습니다. 그래서 사실을 모두 말하고 아내에게 왕자를 궁으로 데려오게 했습니다. 판이한 두 인생 역정을 겪은 그는 마침내 아버지의 충고가 아주 정확하다는 것을 알았습니다.

사귈 만한 친구인지 아닌지를 판단하는 것은 그리 어려운 일이 아닙니다. 은혜를 알고 그것을 갚을 줄 안다면 분명 사귈 가치가 있는 친구입니다.

남에게 나의 친절에 감사하라고 강요할 수는 없지만, 남이 내가 행한 은혜를 알고 갚기를 바란다면 우리도 상대에게 응당 그렇게 해야 합니다. 아무리 작은 은혜일지라도 우리는 그것을 갚기 위해 노력해야 합니다. 만일 당장 갚을 능력이 없다면 항상 그 은혜를 잊지 않고 감사해야 할 것입니다.

남의 허물을
함부로 드러내지 마세요

"사람은 성현이 아니니 그 누가 허물이 없으리오."라는 속담이 있습니다. 조금도 허물이 없는 사람은 세상에 존재하지 않습니다. 다른 사람의 결점이 다소 마음에 들지 않더라도 함부로 말하지 않는 것이 좋습니다. 특히 다른 사람의 사생활을 곳곳에 퍼뜨려서는 안 됩니다.

『격언련벽』은 "조용히 앉아 있을 때는 늘 자신의 허물을 생각하고 한가로이 이야기 나눌 때는 다른 사람의 잘못을 말하지 않는다."라고 일렀습니다. 홍일대사弘一大師도 일찍이 "나는 매일 내 과오를 반성하기도 바쁜데, 다른 사람의 시시비비를 논할 시간이 어디 있겠는가?"라고 했습니다.

그런데 어떤 사람들은 이렇지 못한 것같습니다. 특히 다른 사람의 잘못을 이야기하는 것을 좋아하고 사소한 것을 보거나 들으면 부풀려서 퍼뜨립니다. 심지어 화가 나서 다른 사람을 욕할 때 일부러 상대의 사적인 일까지 들추어 내며 깊은 상처를 줍니다. 이것은 매우 부도덕한 행위입니다.

옛말에 "사람을 꾸짖어도 허물을 들추지 않는다."라고 했습니다. 어떤 상황에서도 입은 덕을 담고 있어야 하고, 자신의 혀를 잘 관리해야 합니다.

옛날, 어떤 주인이 하인에게 심부름을 시켰습니다.
"장에 가서 제일 좋은 물건을 하나 사 오거라."
하인은 시장에서 혓바닥을 하나 사 왔습니다.
"이번엔 장에 가서 제일 나쁜 물건을 하나 사 오거라."
하인은 이번에도 역시 혓바닥을 사 왔습니다.
주인이 왜 같은 물건을 사 왔는지 묻자 하인이 대답했습니다.
"이 혀야말로 선악의 근원입니다. 좋을 때는 이보다 좋은 것이 없고 나쁠 때는 이보다 나쁜 것이 없습니다."

물론, 말의 선악은 마음에서 나옵니다. 마음에서 어떻게 생각하느냐에 따라 그것이 입으로 나오는 것이지요. 따라서 혀를 잘 관리하려면 결국 자신의 마음부터 잘 수양해야 합니다.

『채근담菜根譚』에 이르기를 "남의 작은 허물을 질책하지 말고, 남의 사생활을 들추어 내지 말고, 남의 지난 잘못을 염두에 두지 말라. 이 세 가지는 덕을 키우고 해로움을 멀리해 줄 것이다."라고 했습니다.

그러므로 덕행이 훌륭한 사람은 누군가의 잘못을 듣더라도 함부로 평하지 않고 여러 곳에 퍼뜨리지도 않습니다. 인도 철학자 비드르^{Vidura}는 이렇게 말했습니다.

"자기 혀를 잘 단속하는 것이 최고의 미덕이다."

타인을 향한 배려는
내게 돌아옵니다

만약 우리가 나 자신만을 생각한다면 다른 이들이 우리를 원망할 것입니다. 호인好人이 아니라면 성불成佛은 꿈도 꾸지 못할 일이지요. 그런데 여기서 '호인', 다시 말해 좋은 사람이란 어떤 사람일까요?

좋은 사람에 대한 정의는 사람마다 다릅니다. 어떤 사람은 성격이 좋고 성실한 사람을 말하고, 어떤 사람은 잘생기고 매력 있는 사람을, 어떤 사람은 마음이 온화하고 착한 사람을, 어떤 사람은 개성이 강한 사람을 좋은 사람이라 정의합니다. 그렇지만 저의 스승님은 이렇게 생각하지 않았습니다. 스승님이 말씀하신 좋은 사람은 아래와 같은 몇 가지 특징을 가진 사람입니다.

첫째, 언행이 주위 사람과 잘 화합한다

언행이 항상 다른 사람과 조화를 이룹니다. 윗사람을 공경하고 동년배와 화목하며 아랫사람에게 따뜻하여 누구와도 잘 지냅니다. 걸핏하면 눈을 부라리며 남과 맞서거나 가는 곳마다 분란을 일으켜서는 안 됩니다.

물론 다른 사람에게 순응하는 것도 원칙이 있어야 합니다. 다른 사람이 욕심이 많다고 해서 그것도 따르고, 다른 사람이 화를 낸다고 같이 화를 내라는 말이 아닙니다. 순응은 무조건 비위를 맞추는 것이 아니라 올바르고 이치에 맞는 행동을 따르는 것입니다.

사람과 사람이 살다 보면 불가피한 충돌을 피할 수는 없습니다. 또 어떠한 단체라도 갈등이 있기 마련입니다. 그렇지만 인격이 좋은 사람이라면 누구와도 잘 어울릴 수 있습니다. 다들 동쪽으로 가자는데 기어코 서쪽으로 가자고 하고, 다들 밥을 먹자는데 기어코 죽을 먹자고 하면서 뭐든 독단적으로 하는 사람은 주변 사람과 잘 어울릴 수 없겠지요.

티베트에 이런 비유가 있습니다.

"백 마리 들소가 산을 오르면 그중 한 마리는 기어코 내려가려고 버틴다."

눈에 선한 광경이지요? 인격에 문제가 있는 사람은 어디 있더라도 갈등을 일으킵니다. 차를 타고 갈 때도 가는 내내 다른 사람과 시비만 일삼습니다. 이런 사람은 눈엣가시와 같아서 떠나고 나면 그 단체 사람들은 모두 마음이 편해지고 기뻐합니다.

그런데 인격의 좋고 나쁨은 쉽게 판단할 수 없습니다. 어떤 사람은 행동거지가 매우 바르지만 실제로 겪어 보면 크게 실망스럽습니다. 또 어떤 사람은 첫인상이 별로 좋지 않았지만 겪을수록 좋아져 믿음직스럽습니다. 그러므로 "길이 멀면 말馬의 힘을 알고, 시간이 지나면 사람의 마음을 안다."라는 말이 역시 맞습니다.

둘째, 성품이 정직하다

말을 하든 일을 하든 마음이 정직해야 합니다. 누군가와 논쟁할 때 자기 쪽은 비호하면서 상대방을 비난해서는 안 됩니다. 객관적인 사실을 기준으로 삼아야지 어느 한쪽 편을 들어서는 안 됩니다.

어떤 사람은 성격이 매우 직선적이어서 눈에 거슬리는 것을 보면 바로 생각나는 대로 말해 버립니다. 그렇게 하는 것을 '정직'이라 여기는데 사실 그렇지 않습니다. 그것은 단지 마음속 생각을 입으로 뱉는 것에 불과합니다. 이른바 정직이란 양심을 속이지 않는 것으로, 어떤 상황에서도 자신이나 상대방 한쪽을 두둔하지 않는 것입니다. 정직한 사람은 상대방의 지위와 귀천을 가리지 않고 오직 객관적 사실만을 좇아 행동합니다.

사실 이렇게 하는 사람은 많지 않습니다. 포공참부마包公斬駙馬* 고사는 정직의 전형적인 사례입니다. 포공은 황실의 노여움을 사서 관직을 잃을지언정 정의를 실현하기 위해 공정함을 저버리지 않았습니다.

그런데 어떤 부류의 사람은 이와는 완전히 반대입니다. 말은 번지르르하지만 실상은 전혀 그렇지 않습니다. 요즘은 교활한 사람이 정말 너무 많습니다. 우리는 반드시 정직을 배울 필요가 있습니다. 정직하기만 하다면 남이 원망과 오해를 하거나 비방과 모독을 해도 양심에 가책을 느낄 것이 없습니다. 정직함은 순금과 같은 진실의 빛을 발하여 어떠한 암흑에도 덮이지 않습니다.

셋째, 마음이 착하다

다른 사람과 잘 화합하고 정직하더라도 마음씨가 악하면 인격이 좋다고 할 수 없습니다. 겉으로 내뱉는 말에 일리가 있어도 속으로 남을 해하려는 마음이 있으면 무엇을 해도 백해무익입니다. 왜냐하면 마음은 모든 것의 근본이기 때문입니다. 총카파Tsongkhapa 대사도 "마음이 착하면 광명 천지요, 마음이 악하면 암흑 천지다."라고 했습니다.

---

* 포증(包拯, 999~1062)이 부마인 진세미(陳世美)를 처형한 사건. 포증은 북송의 유명한 관리이다. 그가 아내를 버리고 임금의 사위가 된 진세미의 악행을 처벌한 이야기는 대만에서 TV극으로 제작되어 〈포청천(包靑天)〉이라는 이름으로 우리나라에도 소개되었다.

위의 세 가지 사람됨의 이치는 매우 중요합니다!

스승님은 또, 자신을 이롭게 하는 가장 좋은 비결은 남을 이롭게 하는 것이라고 말씀하셨습니다. 범부로서 자신의 이익을 아예 고려하지 않을 수 없기는 합니다. 하지만 자신만 생각하면서 다른 사람을 해친다면 원하는 일을 결코 이루지 못할 것입니다.

한번은 비행기에서 옆자리 젊은이와 교류하게 되었는데, 알고 보니 매우 성공한 기업가였습니다. 불교 신자는 아니었지만 제법 말이 통해 흥미로웠습니다.

"좋은 사람, 남을 돕는 사람이 되어야 한다고 생각합니다. 사실 어떤 기업이라도 성공하려면 주위 사람을 도와야 합니다. 그래야 계속 생존할 수 있습니다. 자기만 생각하면 다른 사람도 바보가 아닌 이상 곧 알아차립니다. 그러면 성공은 멀어집니다."

그의 말은 아주 일리가 있습니다. 사실 어떤 일을 하더라도 시종 자기만 생각한다면 남의 존경을 얻지 못합니다. 그러나 전심전력으로 다른 사람을 도와주면 상대도 당신을 다르게 볼 것입니다. 이런 까닭에 이익을 얻으려면 우선 다른 사람에게 베풀어야 합니다.

스승님이 이런 이야기를 하신 적이 있습니다.

"내가 지금껏 보아하니 많은 이가 매일 자신이 무엇을 얻을까만 생각하는 듯하다. 이는 결코 얻는 방법이 아니다. 예를 들어 일부 젊은 사람은 사랑하는 사람이 생기면 죽자 살자 상대를 구속하려 들고 자신의 소유물로 만들려고 한다. 그러면 결과는 종종 이와 반대로 간다. 반대로 어떤 사람은 정성을 다해 사랑하는 사람을 지지하고 도와준다. 그러면 상대방도 필시 사람이니 마지막엔 결국 그 마음을 받아들인다."

안타깝게도 많은 사람이 이러한 이치를 모릅니다.

치켜세우는 말을
조심하세요

어떤 사람은 듣기 좋은 말로 과하게 칭찬하고 잘 치켜세우는데 이런 말에는 거짓이 많습니다. 특히 지위가 좀 높을 때 주위의 부하 직원이 알랑거리며 치켜세우고 행동마다 찬사를 던진다면 물론 아주 기분이 좋을 것입니다. 그런데 이렇게 기분 좋게 띄워 주는 말에는 함정이 있는 경우가 많습니다. 다른 사람이 치켜세울 때 불편하다고 생각하는 사람이 진정 지혜로운 사람입니다.

1980년대, 막 대학을 졸업한 여성이 고향으로 돌아가는 기차를 탔습니다. 곧 취직해서 돈을 벌 생각에 얼굴 가득 미소를 띠고 있었습니다. 그 옆에는 아기를 안은 부인이 앉아 있었는데, 서로 눈이 마주치자 부인이 웃으며 먼저 말을 걸었습니다.

"아가씨, 보아하니 훌륭한 가문의 규수 같은데 틀림없이 대학원이나 박사 과정을 밟고 있지 않나요?"

"아니에요, 전 막 대학을 졸업했습니다."

"아유, 뭐 어떻든 부럽네요. 사실 나는 어릴 때부터 대학에 가는 것이 꿈이었어요. 그런데 집안이 가난하여 학교를 다니지 못한 탓에 내 이름도 못 쓴답니다. 어쩌다가 장사로 돈을 좀 벌었더니 주위에서 회사를 차리래요. 그런데 배운 게 없으니 까딱하면 사기당하기 십상이겠지요. 아가씨, 곧 내릴 때가 되었네요. 그런데 내가 이 고장에서 계약을 하나 해야 해요. 내가 글을 모르니 아가씨가 좀 도와줄 수 있을까요? 비용은 내가 다 낼게요. 만일 아가씨가 원한다면 함께 일합시다. 내가 돈을 대고 아가씨가 능력을 발휘하면 우리 회사는 꼭 성공할 거예요."

이 권유를 들은 여성은 속으로 좋아하며 깊이 생각하지도 않고 승낙했습니다. 함께 기차에서 내리자 부인은 어딘가에 전화하더니 여성에게 말했습니다.

"먼 길 오느라 고생했으니 우선 우리 이모 집에 가서 좀 쉬고 있어요."

그들은 이모 집으로 가는 중에 담장이 높은 한 시골집에 들렀습니다. 그 집에서 한 중년 남자가 둘을 극진히 맞아 주었습니다. 그러더니 그 중년 남자는 보따리 하나를 부인에게 건네주고 몇 마디 말을 나누었습니다. 그런 후 부인이 여성에게 말했습니다.

"어렵게 생각할 필요 없어요. 그저 내 집처럼 편하게 생각하고 잠시 쉬고 있어요. 나는 이모가 아프다는 전화를 받았으니 먼저 갔다가 금방 돌아올게요.”

이 여성은 어떻게 되었을까요? 금방 돌아온다던 부인은 몇 년이 되어도 돌아오지 않았죠. 그 부인은 인신매매범이었고 여성을 팔아넘긴 것입니다. 이 여성은 천신만고 끝에 탈출에 성공했고 세상에 이 일이 알려지게 된 것입니다.

요즘 사람들은 친구를 사귈 때도 그다지 신중하지 않은 것같습니다. 어떤 사람인지 잘 살펴보지도 않고 가까이하고서는 사기당하고 피해를 보는 일이 적지 않습니다. 그러고는 “내가 너무 세상 물정을 몰라 사기꾼의 농간에 놀아났다.”라며 한탄합니다. 일이 잘못된 뒤에 땅을 치고 후회한들 아무런 소용이 없습니다. 미리미리 조심하는 것이 나중에 후회하지 않는 가장 좋은 방법입니다.

막무가내인 사람을
대할 때

성격이 거칠고 행동이 막무가내인 사람과 어울리면 번뇌와 우려가 쉽게 닥칩니다. 어쩌다 내가 한 마디 하면 그는 열 마디를 대거리하며 말도 안 되게 억지를 부리다가 얼굴이 붉어지고 결국 원수가 됩니다. 그래서 지혜로운 사람은 그런 사람들과 친하게 지내지도 않고 언쟁을 벌이지도 않습니다.

누군가는 이렇게 물을 수도 있습니다.

"그렇게 막무가내인 사람은 피하려 해도 피할 수 없어요. 나는 상대를 안 하려 해도 그들이 나를 찾아온단 말입니다. 이럴 땐 어떻게 해야 합니까?"

그럴 때는 인내심을 갖고 대답하지 않거나 그의 말에 잠시 수긍해 줍니다.

예전에 성격이 불같은 두 사람이 있었습니다. 둘은 사소한 일로 다투다가 끝내 결론이 나지 않자 씩씩거리며 헤어졌습니다.

그날 저녁 둘 중 한 사람이 현자를 찾아가 사정을 말하고 판단을 청하니 현자는 이렇게 말했습니다.

"자네 말이 옳네."

그 사람은 이 대답을 듣고는 매우 만족해 하며 귀가했습니다. 얼마 지나지 않아 다른 한 사람도 현자를 찾아와 사정을 이야기하자 현자는 웃으며 대답해 주었습니다.

"자네 말이 옳군."

옆에 있던 시종이 도저히 영문을 알 수 없어 물었습니다.

"나리께선 어떻게 둘 다 옳다고 하십니까? 두 사람 다 옳다면 싸울 일이 뭐가 있습니까?"

현자가 웃으며 대답했습니다.

"두 사람의 논쟁을 들어 보니 닭이 먼저냐 달걀이 먼저냐 하는 것처럼 아무런 의미가 없는 싸움이더구나. 이렇게 계속 싸우면 반드시 화가 생기게 된다. 이런 무의미한 일로 논쟁하는 사람들에겐 사실 해 줄 말이 없다. 나는 그들의 말에 동의를 표함으로써 그들이 만족하게 해 주었단다."

결국, 각자 만족한 둘은 언쟁을 그쳤다고 합니다.

사실 어떤 사람들은 단지 우위를 점하기 위해서 무의미한 논쟁을 벌이기도 합니다. 지혜로운 사람의 눈에 이런 논쟁들은 어린아이들이 장난감을 두고 다투는 것처럼 우습게 보입니다.

좋지 않은 친구를
멀리하세요

일상생활에서나 수행에서나 악한 친구의 해악은 매우 큽니다. 좋은 것을 배우기는 어렵지만 나쁜 것은 금방 배웁니다. 제법 똑똑한 사람도 친구를 잘못 사귀면 그릇된 길로 빠지기 쉽습니다.

『수목격언水木格言』에 "튼튼한 나무도 오랫동안 물에 두면 뿌리가 썩고, 덕이 있는 사람도 나쁜 친구와 오래 사귀면 망가진다."라고 했습니다. 『불자행佛子行』에도 "나쁜 친구와 사귀면 탐진치 삼독의 번뇌가 증가하고, 수행을 그르치며, 전에 가진 자비심마저 완전히 없어진다."라고 했습니다.

그러므로 우리는 평소 사람을 사귈 때 신중해야 합니다. 아주 오만하고 번뇌가 많으며 선지식의 가르침을 중시하지 않고 공경하지 않는 사람은 가까이하지 않는 것이 좋습니다. 그렇지 않으면 점점 그 사람에게 동화되어 나쁜 물이 들게 됩니다.

옛사람들도 교우 관계를 매우 중시했습니다. 유의경劉義慶의

『세설신어世說新語』에 이런 이야기가 있습니다.

    삼국시대, 위나라의 관녕管寧과 화흠華歆은 아주 친한 친구로, 함께 먹고 자고 공부하며 온종일 서로 떨어지지 않았습니다. 어느 날 두 사람이 채소밭에서 김을 매는데 땅속에서 금덩이가 걸려 나왔습니다. 관녕은 아무 일도 없었다는 듯이 호미질을 계속했지만, 화흠은 호미를 던지고 금을 이리저리 만지며 손에서 놓지 않았습니다. 관녕이 이를 보고 질책했습니다.

    "재물이란 자신의 노력으로 얻어야 하는 거야. 덕이 있는 사람은 거저 얻는 재물을 원치 않는다네."

    화흠은 이 말을 듣고 마지못해 금을 버렸지만 아쉬운 기색이 역력했습니다. 관녕은 친구의 이런 모습을 보고 더 이상 말은 안 했지만, 가만히 고개를 가로저었습니다.

    또 한번은 두 사람이 한자리에 앉아 글을 읽고 있었는데 마침 밖에 고관대작의 행렬이 요란한 소리를 내며 지나갔습니다. 관녕은 아무 일도 없다는 듯이 독서에 몰두했지만, 화흠은 마음이 끌려 곧바로 뛰어나가 한참 동안을 구경했습니다. 친구의 이런 행동을 보고 실망한 관녕은 그들이 함께 앉아 있던 돗자리를 반으로 잘라 버리고서는 "우리의 지향점과 취향은 너무나 다르네. 지금부터 우리 둘은 이 잘린 돗자리와 같네. 자네는 더 이상 내 친구가 아닐세."라고 말했습니다.

이것이 좋지 못한 친구와의 절교를 뜻하는 '관녕할석^{管寧割席}' 고사입니다.

덕과 규율이 없는 사람과 가까이하게 되면, 매일 겉만 번드르르한 말을 듣게 되고 의리보다 사리사욕을 우선하는 것을 보게 되니 삿된 견해가 점점 커지고 지혜도 사라집니다. 그 해악은 실로 적지 않습니다.

마음이
청정하다면

남의 잘못을 입에 담는 것은 좋지 않습니다. 우리는 범부이다 보니 우리의 생각은 대부분 번뇌에서 생기기 때문입니다. 그래서 고승대덕들은 말했습니다.

"부처의 눈에는 중생이 다 부처요, 마귀의 눈에는 중생이 다 마귀이며, 범부의 눈에는 중생이 다 범부이다."

누군가에게 불쾌함을 느낄 때도 조심해야 합니다. 어떤 왜곡이 우리의 시야를 흐리게 했을 수도 있으니 바로 판단해서는 안 됩니다.

마음에 들지 않는 사람의 행동과 잘못을 지적하는 데 특별한 재주가 있는 사람들이 있습니다. 도저히 듣기 힘든 거친 말까지도 합니다. 그들은 자기 얼굴에 오물이 묻은 것은 몰라도 다른 사람 얼굴에 밥풀이 붙은 것은 허물로 삼습니다. 자기 과실은 태산 같아도 안 보이고 다른 사람 과실은 티끌 같아도 잘 보입니다. 이는 정말 좋지 않습니다!

『격언보장론格言寶藏論』에 "어진 선비는 자신의 과실을 살피고, 어리석은 자는 다른 사람의 과실을 살핀다."라고 했습니다.

어진 사람은 덕행을 부단히 향상시키기 위해 항상 자신을 돌아봅니다. 반면에 품격이 낮은 사람은 늘 다른 사람의 잘못을 찾기 바쁩니다. 돋보기를 들고 달걀에서 뼈를 찾으려는 듯이 하나도 놓치지 않고 들추어내려고 합니다. 다른 사람의 덕행은 무시하면서 혹여 한 가닥 트집거리를 찾았다 싶으면 침소봉대하여 떠벌립니다. 그러나 한 사람의 마음속 경지는 겉으로 보이는 모습으로 판단할 수 없습니다.

예를 들어 옛날 인도의 팔십 명의 대성취자는 대부분 백정이나 기생, 혹은 비천한 신분이었습니다. 그러나 그들의 지혜와 공덕은 보통 사람을 훨씬 뛰어넘었습니다. 이들의 겉모습은 아주 평범하고 특별할 게 없는 것같지만 실제로는 대보살입니다. 그들을 폄하하면 아주 큰 죄업을 짓는 것입니다. 재에 덮인 불씨는 겉으로 보기에는 잿더미일 뿐이라 불꽃이 없는 것같지만, 그 위에 앉으면 크게 데는 것과 같습니다.

옛말에 "다른 사람의 잘못은 흘려듣고 자신의 잘못은 새겨들으라."라고 했습니다. 이렇게 해야만 자신의 부족함을 알고 개선할 수 있습니다. 그러지 않고 종일 다른 사람 헐뜯을 것만 찾으면, 보통 사람은 말할 것도 없고 심지어 불보살을 보더라도 잘한 것이 하나도 없다고 생각할 것입니다.

어떤 사람을 대할 때라도 우리는 청정한 마음을 잃어서는 안 됩니다. 마음이 청정하지 않으면 다른 사람의 결점이 커 보입니다. 마음이 청정하면 주위 모든 사람이 보살 아닌 사람이 없습니다.

잘못을 알려 주는 사람에게
감사하세요

다른 사람이 좋은 의견을 내거나 당신의 잘못을 지적할 땐 겸손한 자세로 받아들이는 것이 좋습니다. 더불어 그런 사람을 가장 좋은 벗이자 스승으로 삼아야 합니다. 또 누군가가 당신의 잘못을 지적할 때 화를 내지 않고 진심으로 받아들여 고친다면 결국 이익 주는 친구를 사귈 수 있습니다. 반대로 미련스럽고 고집불통인 태도로 지적과 비판을 받아들이지 않고 심지어 화까지 낸다면 이익을 줄 친구는 점점 멀어지다가 결국 우리를 떠날 것입니다.

공자가 처음 노나라에 있을 때, 대사구大司寇라는 승상의 직을 맡았습니다. 고작 석 달의 짧은 시간이었으나 정치가 잘 이루어져 길에 물건이 떨어져 있어도 줍지 않고, 밤에 문을 걸어 잠그지 않아도 되고, 무기는 창고에 보관하고, 말은 평화롭게 풀을 뜯는 태평한 시절이 되었습니다.

공자의 이런 정치를 가장 두려워한 것은 이웃 제나라였습니다. 노나라가 강성해지면 자칫 침범해 올 수도 있기 때문이었지요. 이에 제나라는 노나라를 견제할 수단을 찾기 시작했습니다. 마침내 그들은 미인계를 쓰기로 했습니다. 가무에 뛰어난 미녀들을 노나라에 바쳐 왕이 주색에 빠지게 하여 정치를 혼란하게 할 요량이었습니다. 과연 계획대로 노나라 임금은 밤낮으로 미녀들과 술과 가무에 빠져 나랏일을 돌보지 않았습니다. 심지어 사흘간 조정에 들지 않았습니다.

공자가 이를 보고 노나라 임금에게 여색에 빠지지 말기를 간언했습니다. 그러나 임금은 충고를 받아들이지 않고 자신은 잘못이 없다고 생각해 오히려 공자를 비난했습니다.

이런 상황에 처하자 공자는 노나라에 더 이상 희망이 없다고 생각해 벼슬을 버리고 여러 나라를 주유합니다. 이후 공자는 이 나라 저 나라를 떠돌며 자신의 포부를 펼칩니다.

아무리 완벽한 사람일지라도 자신이 모르는 결점이 있기 마련입니다. 옆에서 종종 그것을 일깨워 주는 사람이 필요합니다. 남의 지적에는 화를 내고 칭찬만 가려서 듣는다면 잘못을 고칠 길이 없고 언행이 점점 더 나빠질 것입니다. 이렇게 하면 손해가 되는 친구와는 점차 가까워지고 이익이 되는 친구와는 점차 멀어집니다.

변함없는 친구

　일상생활에서 내 곁의 사람이 좋은 친구인지 나쁜 친구인지 분간해 내기는 쉽지 않습니다. 진정한 우정은 곤란한 상황에 처했을 때 드러납니다.

　우리가 잘 아는 이솝 우화에 이런 이야기가 있습니다.

　두 친구가 길을 가다가 곰을 한 마리 만났습니다. 길옆에 나무가 있었는데 한 친구는 혼자 냅다 나무 위로 올라갔지만 다른 친구는 어쩔 수 없이 땅에 엎드려 죽은 체하고 있었습니다. 곰은 이 친구에게 다가가 킁킁 냄새를 맡았습니다. 곰은 죽은 사람을 먹지 않기 때문에 그가 죽었다고 생각하고 그냥 갔습니다. 나무 위의 친구가 내려와 물었습니다.

　"곰이 자네 귀에 대고 뭐래?"

　친구가 대답했습니다.

　"위급한 상황에서 혼자 살겠다고 도망간 친구와는 절대 사귀지 말라더군."

또 중국에는 이런 우화가 있습니다.

옛날, 아판티^{阿凡提}라는 사람이 관직을 맡고 있었을 때의 일입니다. 아판티의 집 앞은 항상 그를 찾아오는 사람들로 문전성시를 이루었습니다.

한 이웃이 물었습니다.

"선생의 집은 언제나 사람이 이리 많으니 도대체 몇 명의 친구를 두신 건가요?"

아판티가 담담하게 말했습니다.

"내 관직을 잃으면 그때 알려 주겠소."

여러분도 이런 경험이 있을 것입니다. 세상에서 잘나갈 때는 많은 사람이 따르고 칭찬을 늘어놓습니다. 그러나 쇠락하거나 병이 나 위로와 도움이 절실히 필요할 때는 옆에 함께 있는 사람이 별로 없습니다.

흔히 하는 말로 술과 친구는 오래될수록 좋다고 합니다. 오래 사귄 친구와는 서로 깊은 정이 있어서 설사 작은 허물이 있어도 쉽게 미워하거나 버리지는 않습니다. 그러니 우리는 덕이 없는 친구와 사귀는 것을 조심하고, 오랜 친구를 소중히 여기며 변덕

스럽게 버리지 말아야 합니다.

친구의 진정한 가치는 서로 잘못을 고쳐 주고 좋은 방향으로 가도록 격려하는 데 있습니다. 우리를 가장 잘 알고 큰 도움이 되며, 중요하지 않은 일로 이리저리 따질 필요가 없는 이가 친구이지요. 옛사람들도 항상 "옛 친구를 버리지 않는다."라고 했습니다. 이 말은 오래된 친구를 기억하고 소중히 여기라 가르쳐 줍니다.

옛날 한나라의 광무제와 명나라의 태조 주원장 또한 황제가 되고 난 뒤에도 여전히 옛 친구를 잊지 않았습니다. 주원장은 황제가 되자마자 명을 내려 젊은 시절 함께 밭을 갈던 친구 전흥田興을 찾으라고 했습니다. 또 직접 옛 친구에게 다음과 같은 내용의 편지를 썼습니다.

"황제는 황제이고 주원장은 주원장이다. 자네는 내가 황제라고 해서 친구가 아니라고 여기면 안 되네."

그런데 우리 주변의 어떤 사람들은 일단 출세하면 옛 친구를 버리고 새 친구만을 추구하는 모습을 보입니다. 새 친구가 더욱 매력적이고 옛 친구는 따분하다고 생각하니, 매정하다는 생각이 들게 합니다. 그렇지만 그들이 찾은 '입맛에 맞는' 새로운 친구는 뭔가 얻으려고 알랑거리는 속이 음흉한 자일 수밖에 없습니다.

오랜 친구를 쉽게 버리면 안 되고 새로운 친구라 해도 너무 빨리 전부 믿어서는 안 됩니다. 시간을 두고 뿌리 내리며 맺어진 관계가 오래 지속될 수 있습니다.

모르는 것을
부끄러워하지 마세요

당나라 때의 사상가 한유韓愈는 말했습니다.

"사람이란 태어나면서 모든 것을 아는 존재가 아닐진대 어찌 의문이 없을 수 있겠는가."

우리는 사람이다 보니 누구에게나 모르는 일은 있기 마련입니다. 이럴 때는 겸허히 다른 사람에게 가르침을 청해야 합니다. 지혜로운 자는 겸손하여 배우기를 좋아하고 남에게 가르침을 잘 청하지만, 어리석은 사람은 자신의 무지를 드러내는 것이 부끄러워 묻기를 꺼려 합니다.

사실, 그렇게 부끄러워할 필요가 없습니다. 공자의 명구를 떠올려 봅시다.

"아는 것을 안다고 하고 모르는 것을 모른다고 하는 것, 이것이 아는 것이다."

사람은 모름지기 진실해야 합니다. 모르면서도 체면 때문에 아는 척하는 것은 매우 경계해야 할 일입니다.

새뮤얼 팅^{Samuel Ting}은 노벨 물리학상 수상자입니다. 한번은 강연 중에 청중이 그에게 세 가지 질문을 했는데 그의 대답은 한결같았습니다.

"인류가 우주에서 암흑물질과 반물질을 찾을 수 있을까요?"

"모르겠습니다."

"당신이 하는 과학 실험은 어떤 경제적인 가치가 있나요?"

"모르겠습니다."

"물리학의 향후 20년 발전 방향은 어떻습니까?"

"모르겠습니다."

뜻밖의 대답에 어리둥절해 하던 청중들 사이에서 이내 요란한 박수가 터져 나왔습니다. 왜 그랬을까요? 팅은 모른다고 하지 않고 전문용어를 사용해 대충 넘어갈 수도 있었을 것입니다. 그러나 그는 솔직하게 모르는 부분을 모른다고 대답했습니다. 솔직한 그 태도는 과학자로서의 이미지에 손상을 주지 않았음은 물론 오히려 그의 진지한 학문 태도를 돋보이게 하여 더욱 존경받게 한 것입니다.

잘못을 저지르는 것보다
감추는 것이 더욱 나쁩니다

모르고 한 잘못을 '착오'라 하고 일부러 저지른 악행을 '죄악'이라 합니다. 사람은 왕왕 신중하지 못해 일을 그르치기도 하고 처세 방법에 문제가 있어 일을 원만하게 처리하지 못하기도 하지만, 이런 것은 '잘못'이라고 하지 '죄'라고는 하지 않습니다.

옛사람이 이르기를 "잘못을 저질렀어도 고칠 수 있다면 그보다 나을 수 없다."라고 했습니다. 또 항간에 "사람은 성현이 아닌데 그 누가 잘못을 저지르지 않겠는가."라는 말이 있습니다.

잘못을 저지르는 것은 누구나 할 수 있는 일이지만 그것을 바로 인정하고 고치는 것은 누구나 할 수 있는 일이 아닙니다. 공자는 일찍이 제자 안회顔回를 칭찬하며 이렇게 말했습니다.

"다른 사람에게 화풀이하지 않고, 같은 잘못을 두 번 저지르지 않는다."

안회는 잘못할 때마다 깊이 반성하고 바로 고쳤기 때문에 같은 잘못을 절대 반복하지 않았던 것입니다.

제게 찾아오는 사람들 중에도 이런 생각을 가진 분들이 있습니다. 이들은 잘못을 저지르고 나서 저에게 굳게 맹세합니다.

"다시 한번만 기회를 주십시오. 지켜봐 주십시오. 또 그러면 제가 사람이 아닙니다!"

그러나 얼마 지나지 않아 같은 실수를 반복합니다.

"전에 했던 말을 잊었는가?"라고 물으면 고개를 갸웃거리며 "아… 한 번만 더 기회를 주시면 안 될까요?"라고 합니다.

반복적으로 잘못하는 것은 물론 나쁘지만, 잘못을 감추는 것은 더 나쁩니다. 옛말에 "소인小人이 잘못하면 언제나 감춘다."라고 했습니다. 소인은 자기 잘못에 대해 온갖 이유를 찾아 핑계를 댑니다. 하지만 윤리적인 사람은 실수를 인정하고 광명정대합니다. 자신이 정말 잘못했으면 그것을 덮거나 감추지 말고, 모두 드러내고 고쳐야 새롭게 시작할 수 있습니다.

불경에도 이런 말이 있습니다.

"과오는 공덕이 아니지만 깨끗이 참회하는 것은 공덕이다."

3장

/

무상의
법칙

내려놓을 수 없다고 느끼는 많은 것들.
그것들을 내려놓을 때,
우리는 진정한 행복을 경험할 수 있습니다.

영원한 즐거움을 얻는
보험

어떤 만남이든지 반드시 헤어지는 때가 있으니 이것이 바로 '무상'의 법칙입니다.

지금 아침저녁으로 얼굴을 보며 사는 가족도 잠시의 인연일 뿐, 머지않은 미래에 헤어지게 됩니다. 마치 옛사람들이 "부모의 은혜가 깊으나 결국에는 헤어지게 되고, 부부의 정이 깊으나 역시 헤어지게 된다. 인생은 둥지에 든 새와 같아 언젠가는 각자의 길을 찾아 날아갈 뿐이다."라고 말했던 것과 같습니다.

IBM 기업의 2대 회장 토머스 왓슨의 이야기가 담긴 책을 읽은 적이 있습니다.

세계적인 기업 IBM의 회장 토머스 왓슨은 심각한 심장병을 앓고 있었습니다. 한번은 병이 재발한 그가 병원을 찾았더니 의사가 즉시 입원해 치료받을 것을 권유했습니다. 왓슨은 이 말을 듣고 일언지하에 거절했습니다.

"내게 입원할 시간이 어디 있겠습니까? IBM은 작은 회사가 아닙니다! 매일 결재해야 할 서류가 얼마나 많은데, 내가 없다면….."

의사는 더 이상 말하지 않고 잠시 바람이나 쐬자며 그를 데리고 나갔습니다. 그들은 근교의 어느 공동묘지에 도착했습니다. 의사가 묘지를 하나씩 가리키며 말했습니다.

"우리도 언젠가는 여기에 영원히 눕게 될 것입니다. 당신이 없어도 누군가가 당신 일을 대신하겠지요. 누구 한 사람 없어진다고 해도 세상은 여전히 돌아갑니다. 당신이 죽은 후에도 회사는 망하지 않고 그대로 잘 운영될 것입니다."

왓슨은 아무 말도 하지 않았습니다. 다음 날 미국 IT산업의 거두인 그는 이사회에 사임을 통보했습니다. 그러고는 바로 입원해 치료를 받았고 퇴원 후에는 세상을 즐기며 살았습니다. 왓슨이 없어도 IBM은 여전히 세계적인 기업입니다.

사실 무상은 항상 우리를 그림자처럼 따라다닙니다. 우리는 모두 마음의 준비를 하고 살아야 합니다. 아무리 죽기 싫다고 한탄해도 시간의 차이가 있을 뿐이지 결국은 죽음을 맞게 됩니다. 그때가 되면 가장 아끼던 몸조차 세상에 남겨둔 채 자신의 업력(카르마)에 따라 내세로 가게 됩니다. 아무리 한탄해도 소용없습니다. 그러니 죽음이 닥쳤을 때 후회 없이 마주할 수 있도록 죽음이 오기 전에 그에 대해 생각해야 합니다.

일부 유물론자들은 일종의 도피적인 태도로 이를 받아들이려 하지 않고 깊이 생각하려고도 하지 않습니다. 그들은 불법을 공부하는 것을 현실 도피라고 여깁니다. 그러나 사실 내세를 인정하지 않고 내세를 위해 아무것도 준비하지 않는 것이 오히려 현실 도피 아닐까요? 이번 생은 몇십 년에 불과하지만 죽은 후 수만 년, 생생세세生生世世의 즐거움과 고통은 이번 생의 업력에 의해 결정됩니다. 이렇게 중요한 일을 어찌 소홀히 할 수 있을까요?

불교에서 가장 중시하는 것은 내세입니다. 그런데 일부 불교 신자를 포함한 대다수 사람은 이 점에 대해 아무런 개념이 없어 보입니다. 불교를 현세의 즐거움을 얻는 지름길로 생각하거나 마음의 평온을 얻는 수단으로만 생각합니다. 심지어 불교의 핵심인 해탈과 생생세세의 고락苦樂에 대해서는 한 번도 생각해 본적이 없습니다. 물론 불법을 잘 모르는 사람이 그렇다면 이해할 만합니다. 그런데 스스로 불교 신도임을 자처하면서, 심지어 대승불교 신도이면서 이러한 점을 생각해 보지 않았다면 그것은 매우 심각한 문제입니다.

어떨 때는 세상이 마치 찬드라키르티Chandrakirti가 『중관사백론대소中觀四百論大疏』에서 묘사한 나라 같습니다. 여기에 나오는 나라의 백성들은 독성을 띤 비를 마신 후 모두 미쳐 버렸고, 오로지 왕만 제정신이었습니다. 그런데 백성들은 왕이 자신들과 다르다고 생각해 왕이 미쳤다고 일제히 손가락질했습니다. 결국 왕도 어쩔 수 없이 독을 마시고 미치광이가 되어 버립니다.

요즘 많은 사람은 '죽음'에 대해 언급하면 바로 피해 버립니다. 내세에 윤회나 지옥이 있다는 말을 하면 귀를 막고 듣기 싫어합니다.

"말하지 마! 말하지 마! 무섭단 말이야. 지금 즐거우면 되는 거지, 그런 이야기 듣고 싶지 않아."

이와 같은 태도는 눈 가리고 아웅 하는 격으로 자신을 기만하는 것과 같습니다. 이것을 보면 불법을 올바르게 이해하기에는 아직 갈 길이 먼 것같습니다.

지혜로운 자는 불교를 소극적이라거나 고리타분한 것으로 생각하지 않습니다. 우리가 인정하든 인정하지 않든 전생과 내생은 엄연히 존재합니다. 내생이 있는데 왜 장기적인 계획을 세우지 않습니까? 요새는 많은 사람이 노년의 건강과 안락을 위해 의료보험과 국민연금을 듭니다. 그런데 우리는 이번 생만이 아닌 영원한 즐거움을 위해 어떤 '보험'을 들었습니까?

욕망

욕망은 끝이 없습니다. 요즘 대부분의 사람이 행복을 좋은 아파트나 자동차, 명예와 부를 얻는 것에 두고 매일 이를 얻기 위해 동분서주합니다. 하지만 실제로 이를 통해 행복을 얻은 사람은 몇이나 될까요?

서양에 이런 우화가 있습니다.

한 왕이 좋은 옷에 좋은 음식을 먹으며 황금으로 장식하고 천하의 보물과 미인을 모두 가졌으나 여전히 행복을 얻지 못했습니다. 그는 참된 행복을 얻기 위해 어의를 불렀습니다. 어의는 한참을 관찰하고는 처방을 내렸습니다.

"왕께서는 전국에서 가장 행복한 사람을 찾아 그가 입은 옷옷을 입으시면 행복을 얻을 수 있습니다."

왕은 이에 즉시 신하들을 보내 행복한 사람을 찾게 했고, 마침내 신하들은 자기가 가장 행복하다고 하는 사람을 찾았습니다. 그런데 돌아온 신하는 행복을 줄 수 있는 웃옷을 가져올 수 없었다고 아뢰었습니다.

왕은 화가 나 물었습니다.

"도대체 무슨 소리냐? 나는 이 나라의 왕인데 옷 하나 내게 못 바친단 말이냐?"

신하가 대답했습니다.

"가장 행복하다는 그 사람은 너무 가난해서 웃옷 하나 걸치지 않고 살고 있으니 어쩔 수가 없었습니다."

이 이야기를 통해 우리는 사실 행복이란 매우 간단하며, 삶에 대한 요구가 적을수록 행복은 커진다는 것을 알 수 있습니다.

현대 사회에서 사람들은 생활의 표준을 너무 높게 잡습니다. 휴대전화, 의복, 주거, 자동차 등 모두 최고를 추구합니다. 이러다 보니 욕망은 끝이 없고 목표에 도달하든 도달하지 않든 늘 만족하지 못합니다.

편안하고 즐거운 삶을 위해서는 남과 비교하며 맹목적으로 물질적인 것들을 좇을 것이 아니라 내면을 충실히 하는 것부터 시작해야 합니다.

이 넓은 세상에 수많은 유혹이 있는데 이를 다 얻으려 한다면 죽을 때까지 일해야 할 것입니다. 내려놓을 것은 내려놓을 줄 알아야 인생이 행복합니다.

무상을 알면
괴로움이 줄어듭니다

세상 만물은 어느 것 하나 고정된 것 없이 계속 움직이며 변화합니다. 불교에서는 이를 '무상'이라고 합니다. 무상하기에 우리의 즐거움은 영원할 수 없으며 수시로 고통으로 바뀌기도 합니다.

『사백론四百論』에서 아리야데바는 "무상한 것은 결국 파괴되어 없어진다. 그러니 모든 무상한 것은 진정한 즐거움이 아니다."라고 말합니다.

옛날에 왕의 귀여움을 듬뿍 받는 아름다운 공주가 있었습니다. 공주가 원하는 것이라면 왕은 뭐든지 구해 주었지요.

어느 날 큰비가 올 때 궁중 뜰에 떨어지는 빗방울을 보고 공주가 기뻐하며 왕에게 말했습니다.

"저 빗방울을 엮어 관冠을 만들어 머리에 쓰고 싶어요."

왕이 말했습니다.

"그건 말도 안 되는 소리란다."

공주는 뾰로통해져서 만들어 주지 않으면 죽겠다고 고집을 부렸습니다. 이에 왕은 깜짝 놀라 어쩔 수 없이 전국의 뛰어난 장인들을 불러 물방울로 관을 만들게 했습니다. 그런데 물방울을 엮어 관을 만든다는 게 어디 가능하기나 한 일인가요? 많은 장인이 끙끙거리고 있을 때 한 노련한 장인이 공주에게 말했습니다.

"공주님, 무엇이든 엮어 관을 만드는 일은 자신 있습니다. 그런데 어떤 물방울이 좋은지 제가 모르니 공주님께서 좋은 것으로 골라 제게 주십시오."

공주는 기뻐하며 물방울을 고르기 시작했습니다. 그런데 어디 물방울이 손에 잡히기나 할까요? 한참을 조몰락거리던 공주가 말했습니다.

"물방울이 예쁘긴 한데 손에 잡혀야 말이지. 나 필요 없어요!"

세상 사람들의 고통은 잘못된 집착에서 비롯합니다. 만약 무상의 이치를 안다면 모든 것에 크게 집착하지 않을 수 있으니 고통 또한 그렇게 크지 않을 것입니다. 예를 들어, 세상의 부귀영화가 무상함을 안다면 그것을 잃는다 해도 하늘이 무너진 듯한 슬픔을 느끼지는 않을 것입니다. 또 애정의 무상함을 안다면 사랑을 잃어도 죽느니 사느니 소란을 피우지 않을 것입니다. 또 생명의 무상함을 안다면 가족의 죽음에도 담담할 수 있을 것입니다.

부처님 시대에 한 여인이 남편에게 버림받고 아들마저 죽자 더 이상 살고 싶은 마음이 없어 아이의 시체를 안고 부처님을 찾아왔습니다. 대자대비하신 부처님이 어떻게 해서든 아이를 살려 달라고, 아이가 없으면 자기도 더 이상 살지 않겠다고 하면서 말입니다. 이에 부처님이 말씀하셨습니다.

"아들을 살리는 것은 어려운 일이 아니다. 단 네가 죽음을 한 번도 맞지 않은 집에서 겨자씨를 하나 구해 오면 아들을 살려 주겠다."

부인이 집집마다 찾아다녔지만 한 번도 죽음을 맞지 않은 집은 찾을 수 없었습니다. 이에 부인은 사람은 필시 죽기 마련이며 죽음은 누구에게나 공평하게 다가온다는 것을 알게 되었고 아이의 죽음을 받아들였습니다.

송나라의 시인 소식蘇軾도 "사람에게는 슬픔과 기쁨 헤어짐과 만남이 있고, 달은 어두울 때와 밝을 때 차오를 때와 기울 때가 있다."라고 했습니다. 이것이 바로 어느 누구도 비켜 갈 수 없는 무상의 법칙입니다. 만약 이 점을 깨달으면 당신의 인생은 확 열릴 것이며 어떤 변화나 충격을 받아도 절망하지 않을 것입니다.

행복하게 사는
세 가지 비결

예전에 무덕선사를 만나러 세 명의 신도가 왔습니다. 그들은 모두 번뇌가 많아 어떻게 하면 즐거운 삶을 살 수 있는지 알지 못했습니다.

선사가 먼저 세 사람에게 물었습니다.

"당신들은 무엇을 위해 살지요?"

"죽고 싶지 않기 때문입니다."라고 첫 번째 신도가 말했습니다.

"늙어서 많은 자손을 거느리고 싶어서 삽니다."라고 두 번째 신도가 말했습니다.

"처자식이 있어서 삽니다."라고 세 번째 신도는 말했습니다.

선사는 그들의 대답을 듣고 말했습니다.

"세 분 모두 행복하게 살지 못할 것입니다."

그러자 세 신도는 동시에 "아, 그럼 우리는 어떻게 해야 행복한 삶을 살 수 있습니까?"라고 물었습니다.

선사가 다시 물었습니다.

"세 분은 무엇을 얻어야 행복할 수 있다고 생각하십니까?"

"재산이 많아야 행복할 것같습니다."라고 첫 번째 신도가 대답했습니다.

"사랑이 있어야 행복합니다."라고 두 번째 신도가 대답했습니다.

"저는 명예가 있어야 행복할 것같습니다."라고 세 번째 신도가 대답했습니다.

선사는 대답했습니다.

"그렇게 생각한다면 세 분은 영영 행복할 수 없습니다. 설령 재산, 사랑, 명예가 있더라도 번뇌가 끊이지 않을 것입니다."

세 사람은 물었습니다.

"그럼 우리가 어떻게 해야 합니까?"

"우선 생각을 바꾸십시오. 재산이 있으면 보시를 하고, 사랑이 있으면 상대방에게 헌신하고, 명예가 있다면 중생을 이롭게 합니다. 이 세 가지가 행복하게 살 수 있는 비결입니다."

이 이야기를 통해 여러분은 무엇을 느꼈습니까?

집착할수록
더 빨리 잃습니다

많은 사람이 추구하는 행복은 손안의 모래와 같습니다. 세게 움켜쥘수록 더 많이 빠져나가 결국엔 아무것도 얻지 못합니다. 차라리 '얻게 되면 행운이요, 얻지 못하면 운명'이라는 마음으로 열심히 노력하는 동시에, 얼마나 얻든 크게 개의치 않고 인연을 따르는 것이 좋습니다.

한 화가가 있었는데 도화지 위에 점 하나를 찍어서 액자에 넣었습니다. 그러고는 여러 사람에게 무슨 뜻인지 알아맞혀 보라고 했습니다. 여러 의견이 분분했으나 일치된 결론을 내릴 수 없었습니다.

사실 그 점의 의미는 매우 깊습니다. 우리가 만약 이 점에만 집착한다면 막다른 골목에 다다른 것처럼 주위의 많은 것, 즉 점 이외의 많은 공간의 가치를 전혀 발견하지 못하게 된다는 것입니다.

예를 들어, 어떤 한 사람에게만 집착하면 그 사람 이외의 다른 많은 즐거움을 잊게 됩니다. 계속 그에게 미련을 두고 그 사람을 얻지 못하면 온 세상을 잃은 것같은 슬픔에 빠집니다. 이렇게 되면 나도 고통스러울 뿐 아니라 그 상대도 힘들게 됩니다. 조그마한 점에 집착해 자유롭게 날아다닐 수 있는 더 큰 공간을 보지 못하는 것과 같습니다. 하나의 점에만 얽매이게 되니 절대 행복할 수가 없는 것입니다.

한 사람이나 대상에 집착하기보다는 우리 주위의 행복의 근원들을 찾아 감사하는 편이 더 큰 행복을 가져다줄 것입니다.

모든 것은
지나갑니다

뭇사람의 공경을 받고 부와 명예를 많이 얻었다고 오만할 필요가 없습니다. 그것들은 결국 지나가 버리니까요. 곤궁해졌다고, 막다른 지경까지 몰렸다고 고통스러워하거나 절망할 필요도 없습니다. 그것도 결국 지나가 버리니까요. 지금의 모든 것은 언젠가 지나가 버릴 것이니 너무 염두에 둘 필요가 없습니다.

옛날 한 왕이 꿈을 꾸었는데, 어떤 현자 같은 사람이 나타나 이 한마디 말만 기억하면 일생에 어떤 일을 겪어도 크게 고통스럽지 않을 것이라고 해 매우 기뻐했습니다. 그런데 꿈을 깨고 보니 아무리 해도 그 한마디 말이 생각이 나지 않았습니다.

왕은 매우 상심하여 궁중의 전 재산을 쏟아 다이아몬드 반지를 하나 만들고는 신하들에게 말했습니다.

"내가 어제 꿈에서 들었던 말을 찾아오는 사람에게 이 다이아몬드 반지를 주겠노라."

이틀이 지나자 한 신하가 와서 말했습니다.

"왕이시여, 제게 반지를 주소서."

왕이 물었습니다.

"오, 이미 알아냈단 말인가?"

신하는 반지를 건네받더니 반지 위에 한마디를 새겨 넣어 왕에게 돌려주고는 훌쩍 떠났습니다. 왕이 보니 그것은 과연 꿈속에서 들었던 그 한마디였습니다.

"모든 것은 지나갈 것이다."

이때부터 왕은 이 한마디를 단단히 기억하여 평생 어떤 일을 만나도 크게 집착하지 않을 수 있었습니다. 그는 영광과 치욕, 성공과 실패, 부와 명예 등 눈앞에 나타나는 모든 것이 결국에는 지나가리라는 것을 알았기 때문입니다.

우리에게도 이러한 삶의 태도가 필요합니다. 우리의 인생 여정이 순풍에 돛 단 듯 잘 나갈 수만은 없으니 성공과 실패, 영광과 치욕을 너무 마음에 둘 필요가 없습니다. 관심을 받든 모욕을 당하든 놀라지 않고, 성공과 실패를 웃음으로 대하는 것이야말로 현명한 삶의 태도입니다.

행복 만들어 가기

행복이란 무엇일까요? 고대 중국인들은 행복ﾖﾟ이라는 글자 안에 자신들의 답을 넣어 두었습니다. 첫 번째 글자 '행ﾖ'은 '땅'을 상징하는 한자가 위에, '돈'을 상징하는 한자가 아래에 있습니다. 두 번째 글자 '복ﾟ'의 왼쪽에는 '옷', 오른쪽 상단에는 음식을 의미하는 '한 입', 오른쪽 아래에는 '밭'을 상징하는 한자가 있습니다. 다시 말해 행복은 땅과 돈, 옷, 음식 그리고 가족이 있는 것입니다.

그런데 정말로 행복은 이런 물질적인 것들일까요? 어떤 사람은 돈이 행복을 가져다준다고 하지만 제가 아는 돈 많은 사람들은 결코 행복하지 않았습니다.

또 어떤 사람은 사랑이 행복을 가져다준다고 생각합니다. 자신과 마음이 맞는 사람을 만나 일생을 함께 산다면 한평생 즐거우리라 생각합니다.

또 어떤 사람은 건강이 가장 큰 행복이라고 생각합니다. 제가 아는 어떤 노인은 종종 승단에 공양하고 자선단체에 기부합니다. 그는 이렇게 함으로써 가정의 평안과 건강을 기원합니다.

위와 같이 행복의 기준은 개개인의 가치관에 따라 천차만별입니다. 그렇지만 행복이 내심의 만족이라는 점에서는 모두 같습니다. 그렇다면 어떻게 해야 행복을 얻을 수 있을까요?

소크라테스, 플라톤, 헤겔 등의 철학자들은 인간은 이성적인 방법으로 행복을 찾아야 한다고 강조했습니다. 감성에 기반을 둔 행복은 순간적인 충동에 지나지 않아 눈 깜짝할 사이에 지나가 버린다는 것입니다. 그러므로 먼저 이성적으로 행복에 대해 인식할 필요가 있습니다.

현대인의 행복에 대해 전문적으로 연구하는 학자들은 행복의 여섯 가지 특징을 다음과 같이 설명합니다.

1. 행복은 일시적인 것이다

누구나 행복이 지속되길 원하지만 유감스럽게도 행복은 시간과 함께 사라져 버립니다. 자기를 행복하게 해 준 것에 익숙해지면 신선함이 없어지고 행복감도 점점 줄어듭니다. 예를 들어, 막 단장을 마친 새집에 들어가면 얼마나 기분이 좋습니까? 그러나 얼마 되지 않아 그런 기분은 점점 사라집니다. 달콤한 신혼 시절에는 자신이 세상에서 제일 행복한 사람이라고 생각하지만 몇 년이 지나면 생활은 무미건조해지고 심지어 사랑했던 사람을 낯선 사람 대하듯 합니다. 그러므로 행복한 감정은 영원히 지속되는 것은 아닙니다.

2. 같은 것을 얻을 때마다 행복은 조금씩 줄어든다

원하는 것을 얻으면 처음에는 무척 행복할 수 있습니다. 그러나 같은 것을 다시 얻었을 때 행복감은 이전만큼 클 수 없습니다. 그것을 충분히 얻었을 때는 행복감이 제로가 될 것입니다.

3. 과정이 험난할수록 행복은 커진다

우리는 쉽게 얻기 힘든 것을 얻었을 때 매우 감격합니다. 예컨대 오체투지를 하는 사람은 험난한 여정을 거쳐 천신만고 끝에 목적지에 도착하는데, 도착했을 때 느끼는 행복을 이루 형언할 수 없어 기쁨의 눈물을 흘립니다.

4. 갈망이 없으면 행복도 없다

무엇인가를 갈망하고 오매불망하다 마침내 그것을 얻는다면 기쁨을 주체할 수 없을 것입니다. 그러나 갈망하지 않았던 것이 주어진다고 행복하지는 않습니다. 사탕을 좋아하지 않는 사람에게 사탕을 주면 행복할까요?

5. 행복은 환경에 좌우되지 않는다

한 사람은 남루한 초가에 살고 다른 한 사람은 호화로운 저택에 산다고 상상해 봅시다. 그러나 이것만으로는 어느 쪽이 더 행복한지 누구도 알 수 없습니다.

6. 행복은 쉽게 빛을 잃는다

행복은 쉽게 가려집니다. 만일 우리가 원하는 것을 힘들게 얻었는데 때마침 다른 일로 큰 슬픔에 빠지게 된다면, 여전히 행복을 느끼기는 힘들 것입니다.

이를 통해, 외부 환경에 달려 있다고 생각하기 쉬운 행복을 결국에는 마음에서 찾아야 함을 알 수 있습니다. 행복은 멀리 있는 것이 아니라 마음에 있으니 마음으로 느끼면 됩니다. 만일 이 점을 인식하지 못하고 외부에서만 행복을 찾으려 한다면 평생을 분주히 살아도 얻지 못할 뿐만 아니라 오히려 행복과 점점 더 멀어지게 됩니다.

사람의 욕망은 끝이 없습니다. 불경에서 말하기를, 하늘에서 보석이 비가 되어 떨어지고 이 세상의 좋은 것을 혼자만 누려도 탐욕이 큰 사람은 만족하지 못한다고 했습니다. 제가 만나본 많은 성공한 기업가들은 상당한 재산과 명예를 누리면서도 여전히 만족하지 못하고 더 큰 부와 명예를 좇았습니다. 그러다 보니 늘 근심과 공허함에 빠져 행복을 느끼지 못했습니다.

옛날에 한 부자가 금은보화를 들고 행복을 찾아 나섰습니다. 온 천하를 헤매도 끝내 행복을 찾지 못했습니다. 그가 상심에 빠져 길에 앉아 있을 때 한 농부를 만나 물었습니다.

"제가 행복을 찾아 천하를 헤매는데 아직 찾지 못했습니다. 어떻게 하지요?"

농부가 무거운 땔감을 내려놓고 땀을 닦으며 말했습니다.

"내려놓는 것이 행복이라오."

부자는 문득 깨닫고는 그날 밤 편히 잠을 잘 수 있었습니다.

사람은 살면서 너무 많은 것을 들고 있습니다. 그것을 쉽게 내려놓지 못합니다. 만약 "얻고 잃음이 모두 인연에 따르는 것이라, 마음은 본래 더해지고 줄어드는 것이 없다."라는 이치를 알고 만족할 줄 안다면 설령 자기 인생이 완벽하지 않고 목표를 다 이루지 못하더라도 행복의 날개를 꽉 잡을 것입니다.

4장

역경에
감사하다

인생 여정에서 당신의 한 걸음 한 걸음은
반드시 그 한 걸음만큼의 경험을 얻습니다.
그 걸음이 옳든 그르든 말입니다.
만일 옳다면 성취를 얻고,
틀려도 교훈을 얻습니다.

"나는 단지
실패하기를 바란다"

　세상 사람들은 고관대작이든 시장의 장사꾼이든 자신이 추구하는 것을 달성하기 위해 분투합니다. 중간에 아무런 좌절 없이 일이 순조롭게 진행되기를 바랍니다. 그런데 사실 실패한다고 해서 꼭 나쁜 것만은 아닙니다.

　홍일대사는 『남민십년지몽영南閩十年之夢影』에서 말했습니다.

　"내 생각이 남들과 좀 다른 점은, 나는 단지 실패하기를 바란다는 것이다. 완벽하지 않거나 실패할 때 나는 창피함을 느낄 것이고 나의 덕과 수양이 부족함을 알게 될 것이다. 그러면 이를 고치려고 더욱 노력할 것이다. 성공했다고 자만하고 우쭐한다면 더욱 큰일 아니겠는가."

　저는 홍일대사의 이 말을 참 좋아합니다. 일반인과는 다른 그의 사유는 대덕의 겸손함과 지혜를 보여 줍니다.

　롱첸빠 존자도 『규결보장론』에서 이런 심오한 비결을 말한 적이 있습니다.

"아집을 버리려면 항상 스스로 실패를 취하라."

랑리 탕빠^{Langri Tangpa} 존자도 "손해와 실패는 내가 받아들이고 이익과 성공은 남에게 주라."라는 가르침을 주었으니 홍일대사의 말씀과 화법은 달라도 의미는 같음을 알 수 있습니다. 실패를 두려워하지 않고 실패를 통해 배움을 얻는 것이 진정 위대한 사람의 담력과 식견입니다. 실패를 어떻게 받아들이느냐 하는 문제에 대해 여러 관점의 격언이 있습니다. "새옹지마"나 "우환 속에서는 살아남고 안락 속에서는 죽게 된다."라는 말들이 그것입니다.

또, 대만의 작가 뤄란^{羅蘭}은 이렇게 말했습니다.

"인생 여정에서 당신의 한 걸음 한 걸음은 반드시 그 한 걸음만큼의 경험을 얻습니다. 그 걸음이 옳든 그르든 말입니다. 만일 옳다면 성취를 얻고, 틀려도 교훈을 얻습니다. 인생에서 길을 돌아간다거나 길을 잘못 드는 것은 산에서 길을 잃는 것과 같습니다. 다른 사람들이 길 잃은 당신을 걱정하고 있을 때 당신은 낯선 길에서 진귀한 꽃과 열매를 딸 수 있고 희귀한 동물을 볼 수도 있습니다. 게다가 새로운 길을 하나 더 알게 되고 강인함과 용기를 키울 수 있습니다."

그러므로 실패는 결코 두려운 것이 아닙니다. 용기 있게 받아들인다면 그 안에서 분명 얻는 것이 있을 것입니다. 옛사람의 가르침에 이런 말이 있습니다.

"화禍는 복福에 기대어 있고 복은 화에 숨어 있다."

오늘 받은 고통은
어제 뿌린 씨앗

우리 각자가 겪는 모든 것은 특정한 인연에 의한 것이지 결코 까닭 없이 생긴 것이 아닙니다.

제가 이전에 태국에서 『법구경法句經』 강의록을 본 적이 있는데 거기에 인연에 관한 이야기가 잘 설명되어 있었습니다.

옛날에 어떤 부인이 암탉을 한 마리 키웠습니다. 암탉이 고생고생해서 알을 품어 병아리들을 까기만 하면 부인은 날름 잡아먹어 버렸습니다. 암탉은 이 일로 화가 나서 원한을 품었습니다.

"이 나쁜 여자, 맨날 내 새끼들을 잡아먹으니 내세에는 나도 네 새끼를 잡아먹고 말리라."

인과의 원력願力은 헛됨이 없습니다.

부인은 내세에 암탉으로 태어났고 암탉은 고양이로 다시 태어났습니다. 전세의 업력으로 암탉이 병아리를 부화시키기만

하면 고양이는 한 마리도 남기지 않고 몽땅 잡아먹어 버렸습니다. 암탉은 화가 나 원한을 품게 되었습니다.

"이놈의 고양이, 매일 내 새끼들을 잡아먹었으니 후세에는 나도 그렇게 하고 말리라."

이 원수들은 죽은 후, 고양이는 사슴으로 태어나고 암탉은 표범으로 태어나 사슴이 새끼를 낳으면 표범이 모조리 먹어 치웠습니다. 윤회의 비극은 끝없이 반복되어 원수는 원수를 낳았습니다.

석가모니불이 세상에 나실 때에 이르러 사슴은 나찰녀羅刹女* 로 다시 태어나고 표범은 여인으로 다시 태어났습니다. 나찰녀가 또 여인의 아이를 잡아먹으려 하자 여인은 기겁해서 아이를 안고 부처님 앞으로 달려가 도움을 청했습니다.

이 원수들은 쫓고 쫓기면서 부처님 앞에 왔습니다. 부처님은 자비의 가피력으로 이 대대손손의 원수들을 우선 안정시켰습니다. 그러고는 그들에게 설법을 통해 전세의 악연을 알려 주었습니다. 부처님의 힘으로 그들은 마침내 오랜 원한이 풀려 죽고 죽이는 운명에서 벗어났습니다.

---

* 푸른 눈과 검은 몸, 붉은 머리털을 하고서 사람을 잡아먹으며 지옥에서 죄인을 못살게 구는 악귀. 남성은 나찰, 여성은 나찰녀라고 한다. 나중에 불교의 수호신이 되었다.

윤회에서는 이처럼 보복을 되풀이하는 현상이 셀 수 없이 많습니다. 그러므로 우리는 악연을 만났을 때, 그것이 자신이 지은 악업의 과보가 나타난 것임을 알고 원수를 원수로 갚는 재앙을 다시는 만들지 말아야 합니다. 그렇지 않으면 서로서로 해치는 비극이 끊이지 않고 나타날 것입니다.

대부분의 사람은 차분히 참는 것에 익숙하지 않습니다. 다른 사람이 자신에게 해를 입힌다면 말할 것도 없고, 몇 마디 듣기 싫은 말만 해도 불같이 화를 냅니다. 사실 우리는 이처럼 언쟁할 필요가 없습니다.

감산대사^{憨山大師}는 일찍이 말했습니다.

"어지럽고 혼탁한 세상에서 인내하고 부드럽게 화합하는 것이 좋은 처세 방책이다."

중국 역사상 포대화상^{布袋和尚}은 미륵불의 화신으로 여겨집니다. 당시 사람들이 그를 욕하며 비웃어도 포대화상은 그래도 좋다며 히히 웃었고 막대기로 때려도 때리는 사람 힘 적게 들라고 한 대에 바로 쓰러졌습니다. 심지어 얼굴에 침을 뱉으면 닦지도 않고 그냥 마르기를 기다렸다고 합니다.

그러나 대부분의 사람은 얼굴에 침을 맞기는커녕 다른 사람과 조금만 부딪혀도 화를 내며 할 말, 안 할 말 다 합니다. 사소한 일 하나가 커져서 머리가 깨지고 피가 터지도록 싸웁니다. 그러고서도 나중에 후회하지 않는단 말인가요? 이것은 이래서 마음에 들지 않고 저것은 저래서 마음에 들지 않아 온종일 세상에 대해 화내고 증오한다면 얼마나 피곤할까요!

사람들 사이에서 발생하는 약간의 갈등은 필연적이지만 그것은 가능한 한 빨리 잊어버리는 것이 상책입니다. 설사 공공장소에서 누가 당신을 욕하고 모욕하며 비방해도 인내의 갑옷으로 무장해야 합니다.

"잠시 참으면 바람과 물결은 고요해지고 한발 물러서면 세상이 넓어진다."라는 말처럼 말입니다.

인내는 가장 어려운 수행

가장 수행하기 어려운 고행은 무엇일까요? 그것은 바로 이유 없이 모욕을 당하고, 터무니없는 비방을 받고, 온갖 방법으로 괴롭힘을 당할 때 참아 내는 수행입니다. 인忍, 그것은 세상에서 가장 어려운 수행입니다. 속담에서도 '참을 인'자 셋이면 살인도 면한다고 했습니다.

『입보살행론』에서도 "모든 죄악 중에서 분노보다 더 무서운 것이 없고, 모든 고행 중에서 인내보다 더 행하기 어려운 것이 없다."라고 했습니다.

옛날에 석가모니부처님이 '인력忍力'이라는 이름의 신선으로 환생하여 중생들이 영원히 성을 내지 않기를 발원한 적이 있습니다.

그때 한 마왕이 그의 수행을 무너뜨리기 위해 천 명의 사람으로 변신하여 괴롭히기 시작했습니다. 독설로 저주하고 요망한 말로 비방하고 대중 앞에서 입에 담지도 못할 욕을 하고 심지어 몸, 옷, 바리때에 분노를 퍼붓기도 하고 빗자루로 머리를 때리기도 했습니다.

그 천 명이 언제 어디서나 따라다니며 못살게 굴었으나 인력은 조금도 성을 내지 않았습니다. 눈에는 눈이라는 방식으로 보복하겠다는 생각은 조금도 없었을 뿐 아니라 "내가 뭘 잘못했길래?"라는 말도 하지 않고 그저 묵묵히 수행하며 이렇게 발원했습니다.

"이렇게 인내를 수양하는 공덕으로 모든 중생이 무상보리를 이루기를 바랍니다. 내가 성불한 후 반드시 그들을 먼저 구제하리라!"

부처님의 법을 따르는 우리는 이 말씀에 따라 언제나 자신을 잘 돌아봐야 합니다. 특히, 성냄과 자비가 완전히 반대임을 알아야 합니다. 대승불법의 주요 목표는 중생을 이롭게 하며 중생을 돕는 것입니다. 그러나 일단 성을 내면 중생을 이롭게 하는 것이 아니라 해를 끼치게 되니 이는 대승불법의 가르침과 완전히 어긋나는 것입니다. 이런 까닭에 성냄이 모든 죄악 중에서 가장 큰 죄악이라고 하는 것입니다.

말은 이렇게 하지만 일단 곤란한 상황에 부닥쳤을 때 화를 내지 않고 진정으로 인내하기는 쉽지 않습니다. 인내심으로 유명한 일본 백은선사白隱禪師의 일화가 있습니다.

선사가 송음사에 머물고 있을 때, 절 입구에 사는 처녀가 이웃 사내와 정을 통하여 아기를 가졌습니다. 이 사실을 알게 된 부모는 몽둥이를 들고 크게 추궁했습니다. 딸은 부모님의 호통에도 사실대로 말할 수 없어서 덕망 높은 백은선사의 소행이라고 거짓말했습니다.

부모는 갓 태어난 아기를 안고 선사를 찾아가 따졌습니다.

"이 못돼 먹은 엉터리 땡중아! 이전엔 미처 네 정체를 알지 못해 속았구나. 금수만도 못한 놈아, 이 아기가 네 아기라며, 가져가!"

펄쩍 뛰며 따지는 부모에게 선사는 담담하게 말했습니다.

"아, 그렇습니까?"

선사가 묵묵히 아기를 받자 딸의 부모는 온갖 욕설을 퍼부었고, 큰스님으로 존경받던 선사는 그때부터 타락한 중이 되어 사람들의 손가락을 받으며 살아야 했습니다. 선사는 아기를 안고 집집이 찾아다니며 젖동냥을 했습니다. 사람들은 계속 비난했습니다.

"흥, 아기 얼굴 봐서 젖 주는 거지, 당신에겐 어림도 없어!"

하루하루가 지날수록 딸은 양심의 가책으로 고통스러웠습니다. 더는 선사가 사람들에게 모욕당하는 것을 보고 있을 수 없어 결국 부모님께 사실을 털어놓았습니다. 부모는 크게 부끄러워하며 선사에게 백배사죄했습니다.

이때도 선사는 담담하게 말했습니다.

"아, 그렇습니까?"

이 한마디와 함께 아기를 그들 품으로 넘겨주었습니다.

만약 우리에게 이런 일이 일어났다면, 이렇게 담담할 수 있을까요?

인내심은 시련을 견뎌야
얻을 수 있습니다

어떤 사람들은 '인내심'을 얼마 동안 수행하고는 이제 어느 정도 경지에 이르렀다고 의기양양합니다. 그런데 사실 그렇게 빨리 기뻐할 필요는 없습니다. 실제 상황에서 시련을 견딜 수 있는지, 인내할 수 있는지를 봐야 합니다.

옛날, 성질이 좋지 않은 노인이 있었습니다. 자신의 화를 단속하기 위해 사랑채에 '백인당百忍堂'이라는 현판을 달아 두고 인내심을 키우며 살았습니다. 얼마 후 노인은 자신의 인내심 수행이 이만하면 되었다 싶어 만나는 사람마다 자랑했습니다. 어느 날 한 거지가 그의 인내심을 시험해 보고 싶어서 아무것도 모르는 척 물었습니다.

"현판의 이 세 글자, 어떻게 읽나요?"

노인은 웃으며 대답해 주었습니다.

"백인당이라 하네."

"오, 백인당이라고요?"

거지는 거듭 외우며 떠났습니다. 그런데 조금 있다가 이 거지가 또 왔습니다.

"아이고, 죄송합니다. 제가 까먹었는데 한 번만 더 알려 주실 수 있으신지요?"

노인은 조금 귀찮다는 듯이 말했습니다.

"백인당이라니까."

"아아, 고맙습니다."

그런데 거지는 한 시간도 안 돼 와서 또 묻는 것이었습니다. 그러자 노인은 화가 나 소리를 빽 질렀습니다.

"아니, 이 세 글자도 못 외우냐? 백인당이라잖아!"

이에 거지는 하하 웃으며 말했습니다.

"세 번도 못 참으면서 무슨 백인당이오? 사실은 불인당^{不忍堂}이구려."

이 이야기를 들으면 인내를 수행하기가 정말 어렵다는 것을 알 수 있습니다. 다른 사람의 언행이 자기 마음에 조금 들지 않는다고 그토록 쉽게 화가 폭발하니 말입니다.

같은 이치를 보여 주는 또 하나의 이야기가 있습니다.

오랫동안 전쟁터를 누빈 한 장수가 이젠 전쟁에 염증이 나서 종고선사宗杲禪師를 찾아가 출가의 뜻을 밝혔습니다. 선사가 말했습니다.

"그리 급할 게 없습니다. 천천히 하지요."

장군은 간청했습니다.

"저는 지금 모든 것을 내려놓았습니다. 아내도 자식도 가정도 모두 문제가 안 됩니다. 지금 즉시 제 머리를 깎아 주시옵소서."

선사는 또 말했습니다.

"다음에 천천히 이야기하지요."

장군은 어쩔 수 없이 돌아갈 수밖에 없었습니다.

어느 날 장군은 이른 아침에 일어나 절에 와서 예불을 드리고 있었습니다.

종고선사가 그를 보고 물었습니다.

"장군께서는 어찌 이리 일찍 와서 예불을 드리시오?"

"마음의 화를 가라앉히려고 합니다."

선사가 우스개로 말했습니다.

"이렇게 일찍 왔다가 그사이에 부인이 바람이라도 나면 어쩌시려고요?"

장군은 그 말에 화가 치밀어 욕을 했습니다.

"이런 미친 영감탱이가 있나! 그딴 말을 어떻게⋯."

그러자 선사는 하하 웃으며 말했습니다.

"가벼운 부채질에 화가 불같이 나는군요. 이리 쉽게 화가 나는데 무얼 내려놓았다고 하시오?"

　이 이야기를 통해 범부는 성급하게 호언장담해서는 안 된다
는 것을 알 수 있습니다. 자신은 모든 것을 간파하고 내려놓았
다고 하지만 조금만 힘든 상황에 부딪히면 그간 쌓은 경지는 완
전히 사라져 버립니다.

팔풍에
흔들리지 않아야 합니다

　득과 실, 명예와 망신, 칭찬과 비방, 즐거움과 고통, 이를 일러 '팔풍八風' 혹은 '세간팔법世間八法'이라고 합니다. 사람들은 왕왕 이 중에서 네 가지만 좋아하고 다른 네 가지는 싫어합니다. 남이 칭찬하면 기뻐서 어쩔 줄 모르고 남이 비방하면 화가 나서 어쩔 줄 모릅니다. 우리의 정서는 세간팔법에 따라 기복이 심합니다. 그러니 여러 방법을 찾아 마음을 잘 다스려야 합니다.

　정서를 가라앉힌다는 것이 말로는 쉽지만 실제 상황에 닥치고 보면 쉽지 않습니다. 세상 사람들은 쉽게 팔풍에 흔들립니다.

　북송 시대 시인 소동파의 고사가 좋은 예시입니다.

　소동파는 평소 활달하고 소탈하여 명예나 이익에는 담담했지만 시와 학문에 대한 집착은 대단했습니다. 그래서 종종 자신의 천재성을 자부하곤 했습니다. 소동파가 과저우瓜州에서 관직을 맡고 있을 때 그의 친한 벗 불인선사佛印禪師는 강 건너편 금산

사에 주지로 있었습니다. 둘은 종종 만나 선禪과 도道에 관해 이야기를 나누곤 했습니다.

한번은 소동파가 갑자기 영감이 떠올라 부처를 찬송하는 시를 지었습니다.

稽首天中天 계수천중천
毫光照大千 호광조대천
八風吹不動 팔풍취부동
端坐紫金蓮 단좌자금련

하늘 중의 하늘이신 부처님께 머리 숙여 절하노니
백호 광명으로 대천세계를 비추시네.
팔풍에도 흔들리지 않으시고
자금련에 단정히 앉아 계시네.

이 시는 표면적으로는 불보살을 찬양하고 있지만 실제로는 자신이 팔풍에 흔들리지 않음을 비유한 것입니다. 시를 지은 후 소동파는 아주 만족스러워하면서 하인을 시켜 불인선사에게 시를 보냈습니다. 그의 인정을 받고 싶었던 것입니다. 소동파의 시를 읽은 선사는 붓을 들어 시 아래에다 몇 자를 쓴 뒤 다시 돌려보냈습니다.

선사가 칭찬의 글을 보냈으리라 확신하고 설레는 마음으로 급히 봉투를 열어 본 소동파는 깜짝 놀랐습니다. 거기에는 아래와 같이 쓰여 있었습니다.

"헛소리!"

이 어이없는 평가에 몹시 화가 난 소동파는 곧바로 배를 타고 강을 건너가 선사를 찾았는데, 뜻밖에도 선사는 절 앞에서 그를 기다리고 있었습니다. 선사를 본 소동파는 사납게 쏘아붙였습니다.

"선사! 내 여태 당신을 좋은 친구로 여겼네. 그런데 내 수양을 인정은 못 해 줄망정 이런 욕이 어디 있나?"

선사는 아무렇지도 않게 물었습니다.

"내가 무얼 욕했다고?"

소동파는 선사가 쓴 글을 보여 주었습니다. 그것을 보고 선사는 하하 웃으며 말했습니다.

"팔풍이 불어도 흔들리지 않는다고 하지 않았나? '헛소리'라는 한마디에 바로 강을 건너와 화를 내는 사람은 누구인가?"

소동파는 근기가 총명한 사람이라 선사의 말을 바로 깨닫고 심히 부끄러워 아무 말도 할 수 없었습니다.

사람들은 팔풍에 쉽게 영향을 받습니다. 공의 이치를 깨달아야 일체의 허상이 전부 사라질 수 있고, 팔풍에도 흔들리지 않는 경지에 이를 것입니다.

롱첸빠 존자가『대원만심성휴식大圓滿心性休息』에서 말한 것처럼 말입니다.

"일체 만법은 공이며 허공과 아무 차이가 없음을 깨달아야 기쁨과 슬픔, 얻음과 잃음, 선과 악에 대한 집착이 없어진다."

요즘 많은 사람이 "난 이익이니 손해니 그다지 따지지 않아." 라고 잘 말하곤 합니다. 하지만 실제로는 매일 이익을 위해 분주하고, 잃을까 봐 힘들게 일하며, 이런저런 득실을 따지느라 늘 걱정합니다.

한발 양보해서, 공의 이치를 모른다고 해도 세상의 모든 것이 연기처럼 사라진다는 점을 안다면 큰 집착에서 벗어나 무언가에 구속되지 않습니다. 그러면 "총애와 굴욕에 놀라지 않으니 정원의 꽃이 피고 지는 것처럼 여기고, 떠남과 머무름에 사사로운 마음이 없으니 하늘의 구름이 뭉치고 흩어지듯 여긴다."와 같은 마음의 상태에 이르게 됩니다.

인과응보를 믿어야
고통에서 벗어날 수 있습니다

이 다양한 세상에서 어떤 사람은 부유하고 어떤 사람은 가난
하여 끼니조차 걱정합니다. 어떤 사람은 잘생겼지만 어떤 사람
은 추하게 생겨 남의 놀림감이 됩니다. 또 어떤 사람의 생활은
행복의 연속이지만 어떤 사람은 죽지 못해 삽니다. 사람들의 이
런 다양한 운명은 결코 아무 까닭 없이 생긴 것이 아닙니다. 하
늘이 내려 준 것이 아니라 모두 스스로 만든 것입니다.

어떤 사람은 이렇게 묻습니다.

"만일 인과가 정말로 존재한다면 왜 어떤 사람은 착한 일을
하고도 복을 받지 않고 어떤 사람은 악한 일을 하고도 악한 과
보를 받지 않나요?"

그 이치는 간단합니다. 농부가 봄에 씨를 뿌리고 바로 열매를
얻을 수 없는 것과 같습니다. 선행이나 악행의 인因이 과果로 나
타나기까지는 일정한 시간이 필요합니다. 그러나 인과는 절대
헛되지 않으니 '원인'을 만들면 '결과'는 빠르든 늦든 반드시 나

타납니다.

어떤 사람은 선한 일을 많이 할수록 사업은 더 안 풀린다고 원망합니다. 그런데 사실은 그렇지 않습니다. 농부가 오늘 씨를 뿌리고 내일 보리와 밀 수확을 바라는 것은 불가능한 일입니다.

용수보살도 이렇게 말했습니다.

"소위 말하는 업력業力은, 칼로 살을 베면 즉시 피가 나듯이 결과가 바로 나타나는 것이 아니다. 그러나 인연이 모이게 되면 이전에 지었던 선악의 결과는 틀림없이 나타날 것이다."

불경에 이런 말이 있습니다.

"전생에 어떤 인을 심었는지 알고 싶으면 이번 생에 받고 있는 과보를 보라. 내세의 과보를 알고 싶으면 이번 생에 당신이 하는 일을 보라."

인과는 이렇게 조금도 틀림없이 나타나게 됩니다. 많은 사람이 자기가 전생에 어떤 사람이었는지 알고 싶어 하는데, 기실 다른 사람에게 물어볼 필요가 없습니다. 이번 생의 당신이 어떤지를 보면 바로 알 수 있습니다.

이 점에 대해서 요즘 많은 이가 공감하고 있습니다. 한번은 제가 병이 나서 의사의 권고대로 매일 안마를 받았습니다. 매일 안마를 받다 보니 한 안마사와 매우 친해지게 되었습니다. 그는 손 기술이 훌륭했고 입담도 아주 좋았습니다. 어느 날 그는 깊은 감명을 받은 듯이 말했습니다.

"불교에서 말하는 인과응보라는 것 말입니다. 제가 좀 관심을 가지고 보았더니 정말 놀랍더군요! 저의 이웃집 주인이 부모에게 불효하더니 결국 아내가 다른 사람과 눈이 맞아 집을 나가 버렸답니다. 저도 전생에 악업을 지은 게 분명해요, 맹인으로 태어났으니 말입니다. 그런데 제가 선업도 지었나 봐요. 이런 손 기술이 있어서 먹고사는 데 큰 걱정이 없으니…. 이런 걸 보면 인과라는 것이 정말 있는 것같습니다."

그의 말을 듣고 한참을 생각했습니다. 몸이 온전한 사람들도 왕왕 이 안마사보다 못합니다. 그들은 인과를 믿지 않고 함부로 악업을 쌓다가 막상 액운이 닥치면 하늘을 탓하고 사람을 원망합니다. 모든 선악의 인연은 결국 자신이 만든 것임을 전혀 알지 못하고 말입니다.

만약 모든 사람이 이 안마사와 같이 인과를 믿는다면 세상은 이로 인해 더욱 아름다워질 것입니다.

선한 생각을 가지면
하늘이 가호합니다

예전에 들었던 한 스승님의 말씀이 기억납니다.

"요즘 사람들은 순조롭게 풀리는 일이 적은 듯하다. 오늘은 누군가 집안에 일이 생겨 좋지 않고, 내일은 누군가 일 때문에 힘들어 좋지 않고…. 그들이 평소 자기를 위해 남을 해하니 어찌 일이 잘 풀리겠는가? 그렇게 해서야 아무리 많은 천신에게 기도한들 소용이 없다."

불교도는 좋은 업보를 만들기 위해 불보살에 공양하며 그들의 가피를 기원합니다. 저는 불보살이 정말로 가피력이 있다고 믿습니다. 호법신도 특별한 힘이 있습니다. 그러나 더욱 중요한 것은 '우리는 도대체 어떤 사람인가?'입니다. 심지어 불교도들도 이 문제를 소홀히 합니다. 불교도든 그렇지 않든 누구든지 은혜를 알고 갚을 줄 알며 인과를 진실하게 믿는다면 세상 사람들이 그를 공경하고 도울 것이며, 신통 있고 마음을 꿰뚫어 볼 수 있는 천신 역시 그를 도울 것이라는 것은 말할 필요가 없습니다.

세상 모든 사람은 날 때부터 신의 보호를 받습니다. 단지 이를 모를 뿐입니다. 중음中陰* 관련 법문에 "사람은 태어날 때부터 여러 신이 함께한다. 견신肩神, 호신護神, 백호신白護神, 흑호신黑護神 등…."이라고 했습니다.

당연한 말이지만, 천신의 가피를 받으려면 마음과 행동이 매우 중요합니다. 인광대사印光大師는 일찍이 이런 일화를 이야기했습니다.

명나라 말기 이자성李自成이 농민 봉기를 일으켰을 때, 나라가 혼란하여 가족들이 뿔뿔이 흩어지는 일이 비일비재했습니다. 그중 원袁 씨 성을 가진 한 사람도 난리 통에 아들을 잃어버려서 첩을 얻어 대를 이으려 했습니다.

이에 여인을 얻어 신방新房에 들였더니 여인이 계속 흐느끼고 있었습니다. 원 씨가 그 까닭을 물었더니 여인이 대답했습니다.

"집이 찢어지게 가난한 우리 부부는 배가 고파 자살하려 했습니다. 그런데 제가 팔려 와 남편 목숨은 구하게 되었습니다. 그렇지만 평소 금슬이 좋던 남편과 생이별하니 서러워 견딜 수

---

* 사람이 죽은 뒤 다음 생(生)을 받을 때까지의 사십구일 동안을 이르며, 이 기간 동안 다음 삶에서의 과보가 결정된다고 한다.

가 없습니다."

이 말을 들은 원 씨도 가슴이 아파 이튿날 날이 밝자 여인을 집으로 돌려보냈습니다. 은자 백 냥을 주면서 부부가 작은 장사라도 하라고 당부하면서 말입니다.

부부는 매우 고마워하며 다른 좋은 여인을 구해서 원 씨에게 보내 후사를 잇게 해 줄 계획을 세웠습니다. 그러나 줄곧 적당한 사람이 나타나지 않았습니다. 후에 용모가 단정한 한 소년을 팔겠다는 사람이 나타났습니다. 그들은 생각했습니다.

'여인을 찾기 전에 우선 이 소년이라도 보내서 원 공을 시중들게 하면 좋겠다.'

이에 소년을 원 씨의 집에 보냈습니다. 아, 그런데 원 씨가 자세히 보니 그 소년이 바로 난리 통에 오랫동안 잃어버린 자신의 아들이 아니겠습니까!

선한 일에 대한 보상이 이토록 빨리, 이토록 묘하게 일어난 것이지요! 물론 이러한 일이 모든 사람에게 일어날 수 있는 것은 아닙니다. 그렇지만 선한 마음을 갖고 선을 꾸준히 많이 행하면 복은 어떤 방식으로든지 확실히 나타납니다.

세상 사람들은 누구나 명예, 지위, 부를 추구하지만 복보福報가 없으면 이런 복들이 무심코 오지 않습니다. 왜냐하면 복을 주는 나무는 '선善'이라는 흙에 뿌리를 두고 있기 때문입니다.

선은 이 나무가 생존하는 유일한 환경입니다.

지금 누군가 복을 누린다면 그것은 전세에 쌓은 선행의 결과입니다. 선을 행했던 '인'이 없었다면 복을 받는 '과'가 생길 리없습니다. 이러한 이치를 통해 명예와 이익, 안락을 원하는 사람은 항상 선한 마음을 가져야 한다는 것을 알아야 합니다. 그렇게만 하면 복은 저절로 올 것입니다. 그렇지 않고 명성과 돈을 좇아 수단과 방법을 가리지 않는다면, 전세에 쌓은 복으로잠시 원하는 것을 얻을지 모르나 그 복을 다 누리고 나면 생생세세의 고통 속에 빠질 것입니다.

피로움이야말로

인

생

이

다

5장

/

언어 수행

사람을 해하는 악한 말은
원수에게라도 하면 안 된다.
당신의 말로 원수가 말문이 막히고
꼼짝 못 한다 할지라도,
당신이 그에게 한 말은 메아리가 되어
다시 당신에게 돌아올 것이다.

악한 말로 남을 해하면
악한 과보를 받습니다

온화하지 못한 말은 사람들이 싫어하게 만드는 주된 원인입니다. 어떤 사람들은 평소 말이 매정하고 거칠며 남을 생각하지 않고 하고 싶은 말을 다 해 버립니다. 어떤 일로 화가 나면 할 말 안 할 말 가리지 않고 모두 쏟아 내는데, 나중에 잘못했음을 알았을 때는 이미 뱉은 말이라 주워 담기 어렵습니다.

옛사람들은 말했습니다.

"칼에 베인 상처는 곧 아물지만, 말로 입은 상처는 치유하기 어렵다."

악한 말로 다른 사람의 마음에 상처를 주면 그 말은 잊히지 않고 계속 가슴에 맺힙니다. 특히 사람이 많은 곳에서 다른 사람을 나쁜 말로 비방하면 그 사람은 바로 언짢은 기색을 보일 것이고, 성격이 불같은 사람이라면 당장 보복하려 들 것입니다. 당장 보복하지 않더라도 원한의 씨앗이 매일 조금씩 자라나 싹트게 됩니다.

그러니 우리는 일상생활에서 반드시 말을 신중하게 해야 합니다. 불필요하게 나쁜 말을 하여 원수가 되는 일은 없어야겠습니다.

약속은
반드시 지킵니다

진정으로 신용을 잘 지키는 사람은 무언가를 쉽게 약속하지 않습니다. 그러나 일단 한번 약속하면 돌에 새긴 글처럼 변하지 않고 잘 지킵니다.

사마천의 『사기史記』에 나오는 '일락천금一諾千金'은 한번 약속한 말은 천금과도 같으니 틀림없이 지킨다는 뜻입니다.

초나라에 계포季布라는 장군이 있었습니다. 약속을 얼마나 중시했는지, 한번 약속한 일은 어떤 어려움이 있더라도 반드시 지켰습니다. 그래서 당시 초나라 사람들 사이에는 이런 말이 유행했다고 합니다.

"황금 천 냥보다 계포의 한마디 승낙을 얻고 싶다."

옛 성인들은 입에서 나온 말을 지키지 못함을 수치로 여겼습니다. 그래서 쉽게 약속하지 않았습니다. 공자는 『논어論語』에서 "옛날에 말을 함부로 하지 않은 것은 몸이 따르지 않음을 부끄러워했기 때문이니라."라고 했습니다. 그러므로 실천할 수 없는 말을 하는 것은 아닌지 여러 번 생각하고 말해야 합니다. 만약 입에서 나오는 대로 내뱉으면 그것이 잘못된 습관으로 굳어져 나중에 고치려 해도 고치기 어렵습니다.

증삼曾參은 공자의 일흔두 제자 중 한 사람입니다. 그는 자녀 교육에 매우 엄격했으며 자신이 몸소 모범을 보였습니다.

한번은 증삼의 부인이 시장에 가려는데 아들도 같이 가겠다고 떼를 썼습니다. 같이 갈 수는 없는 일이라 부인이 아들에게 말했습니다.

"집에서 잘 놀고 있거라. 돌아오면 돼지를 잡아서 고기 구워 주마."

아들은 기뻐서 더 이상 조르지 않았습니다.

단지 아들을 달래려고 한 이 말을 증삼의 부인은 바로 잊어버렸습니다. 그런데 시장에서 돌아오니 증삼이 돼지를 잡고 있는 것이 아니겠습니까. 아내는 깜짝 놀라 말했습니다.

"아니, 애가 하도 귀찮게 해서 달래려고 한 소리인데 진짜로 돼지를 죽이면 어떡해요?"

그러자 증삼은 엄숙한 어조로 말했습니다.

"아이를 속이면 안 되오! 아이는 부모를 보고 배우는데, 아이를 속이는 것은 아이가 거짓말하도록 가르치는 것과 같소. 또 아이가 어머니의 말을 믿지 못하겠다고 생각하면 앞으로 교육

할 때도 당신 말을 듣지 않을 거요. 그러면 어떻게 아이를 잘 교육할 수 있겠소?”

한번은 제가 학교를 짓고 있을 때, 자금이 좀 부족하다는 말을 들은 어느 사장이 제게 말했습니다.

“어떤 고승대덕께서 절을 짓는다고 하시기에 제가 일억 원을 기탁하기로 약속했는데 절 공사가 진행되지 않고 있습니다. 차라리 그 돈을 스님께 드릴 터이니 학교 건축에 써 주십시오.”

저는 대답했습니다.

“다른 사람에게 이미 약속한 말은 바꾸면 안 됩니다. 부족한 자금은 제가 어떻게든 해 보겠습니다.”

그분에게 저에 대한 믿음이 있다는 것을 알지만, 약속을 지켜야 한다는 측면에서 보면 제가 받아서는 안 되는 돈이었습니다.

옛사람들은 말했습니다.

“극도로 기쁠 때 약속하지 말고, 극도로 화날 때 답장하지 말라.”

왜 그럴까요? 기쁠 때 하는 약속은 대부분 지키기 어렵습니다. 또 분노할 때 하는 말은 기분이 좋지 않을 때 나오므로 적절하지 않은 경우가 많습니다. 진정으로 지혜 있는 사람은 기분에 따라 쉽게 승낙하지 않습니다. 기분에 따라 승낙하면 이러지도 저러지도 못하는 상황에 빠지기 쉽습니다.

당신의 말이
당신을 상처 입힐 수 있습니다

　얼굴이 못생겼다고 공개적으로 말하거나, 시각장애인·청각
장애인 앞에서 대놓고 장님·귀머거리라 부르거나, 남의 신체
적 특징을 평가하며 절름발이·난쟁이·꺽다리·납작코·말라
깽이·뚱뚱보라고 부르는 것은 표면적으로는 큰 문제가 아닌
것같지만 이런 악한 말의 과오는 아주 크며, 결국 자신에게 직
접 돌아오게 되어 있습니다.

　『현우경賢愚經』에 밀승비구蜜勝比丘에 관한 이야기가 있는데, 이
는 악한 말의 과보가 얼마나 무서운지 말해 주고 있습니다.

　부처님께서 계시던 시절에 밀승비구가 짧은 시간에 아라한
의 과위를 얻자 여러 비구가 부처님께 그의 전생이 어떠했는지
물었습니다. 부처님께서 말씀하신 그 사연은 이렇습니다.

　한번은 부처님께서 탁발하러 가시는 길에 원숭이를 만났습
니다. 이 원숭이는 부처님께 꿀을 공양했습니다. 부처님이 받

으시자 원숭이는 너무 기뻐 깡충깡충 뛰다 잘못하여 큰 구덩이에 빠져 죽고 말았습니다. 후에 그 원숭이는 사람으로 다시 태어났는데 그 사람이 바로 밀승비구라는 것이었습니다. 비구들은 다시 물었습니다.

"그럼 그의 전생은 왜 원숭이였던 것입니까?"

부처님께서 다시 말씀하셨습니다.

"먼 옛날 가섭부처님이 계실 때 어떤 젊은 비구가 있었다네. 그는 한 아라한이 개울물을 뛰어 건너는 것을 보고 원숭이가 폴짝 뛰는 것같다고 놀려서 그만 원숭이가 된 거라네. 그러한 죄업으로 그는 오백 세대를 원숭이로 살게 된 것일세."

다른 사람의 신체적 결함을 보고 비웃거나, 어떤 이의 모습이 원숭이나 돼지 등과 같이 생겼다고 놀리는 것은 큰 과오가 됨을 위 이야기를 통해 알 수 있습니다.

제17대 카르마파^{Karmapa}가 「불자행 37송」을 강연할 때도 이와 비슷한 아래의 이야기를 들려주었습니다.

제1대 카르마파 도송첸바^{杜松虔巴}가 가섭부처님이 계실 때, 원숭이처럼 생긴 한 비구를 놀리다가 이 악업으로 이후 오백 세대 동안 원숭이로 환생했습니다. 이후에 도송첸바로 환생했지만 생긴 모습은 영락없는 원숭이였으니 얼마나 못생겼겠습니까?

출가하기 전에 여자 친구가 있었는데 남자 친구가 너무 못생겨 결국 그를 떠나 버렸으며, 그는 이 때문에 출리심出離心이 생겼습니다.

악한 말은 비록 말로 짓는 업이지만 사람 몸에 직접 영향을 미칠 뿐만 아니라 다른 여러 방면에도 좋지 않은 영향을 끼칩니다. 그러므로 우리는 살면서 누구에게든지 악한 말을 하면 안 됩니다.

사꺄 빤디따Sakya Pandita는 "사람을 해하는 악한 말은 원수에게라도 하면 안 된다. 당신의 말로 원수가 말문이 막히고 꼼짝 못한다 할지라도, 당신이 그에게 한 말은 메아리가 되어 다시 당신에게 돌아올 것이다."라고 말했습니다.

듣는 이에게
맞춰 말하기

사람들의 근기는 천차만별입니다. 그래서 석가모니부처님은 중생의 근기에 따라 팔만사천법문을 설하셨습니다. 그 법문은 모두 각자의 병에 맞는 약을 처방해 주는 것처럼 중생들이 지닌 마음의 질병을 치료하기 위한 것이었습니다.

부처님이 세상에 계실 때 십대 제자가 있었습니다. 그중 푸르나Purna 존자는 '설법제일說法第一'로 불립니다. 각각의 사람에게 맞는 설법을 하는 데 뛰어났기 때문입니다.

그는 의사를 보면 이렇게 물었습니다.

"의사께서는 몸의 병은 고칠 수 있는데 탐진치와 같은 마음의 큰 병은 어떻게 고치십니까?"

의사가 대답했습니다.

"저는 방법이 없습니다. 존자께선 있으신지요?"

존자가 말했습니다.

"있지요! 부처님의 가르침은 감로와 같으니 중생의 마음의 때를 씻을 수 있습니다. 계戒, 정定, 혜慧 삼학三學은 신비한 묘약과 같아서 탐진치와 같은 마음의 병을 고칠 수 있습니다."

관리를 만나면 이렇게 물었습니다.

"당신은 죄인을 벌할 수 있습니다. 그런데 사람이 죄를 짓지 않게 하는 방법이 있나요?"

관리가 대답했습니다.

"국법이 있으나 국법이 죄를 짓지 않게 할 수는 없습니다."

그러자 존자는 이렇게 가르쳤습니다.

"당신과 모든 국민들이 국법 외에 불법을 배우고 실천하십시오. 그러면 이 세상 사람들은 죄를 짓지 않을 것입니다."

밭을 가는 농부를 만나면 이렇게 말했습니다.

"당신들은 밭을 갈고 곡식을 심어 먹을 것을 만듭니다. 내가 복전福田을 갈고 지혜를 키우는 방법을 알려 드릴까요?"

농부가 물었습니다.

"어떻게 하면 복전을 갈고 지혜를 키울 수 있습니까?"

존자는 대답했습니다.

"불교를 믿고 삼보三寶를 받들며, 스님을 공경하고 병든 자를 돌보며, 자선을 열심히 하고 부모님께 효도하며, 이웃의 나쁜 점은 감싸 주면서 좋은 점은 치켜세우고, 함부로 살생하지 않아야 합니다. 이것들이 바로 복전을 일구는 가장 좋은 방법입니다."

이처럼 각자가 처한 상황에 따라 받아들일 수 있는 이치를 설하니 사람들도 쉽게 이해하고 즐겁게 받아들입니다. 그러므로 의도가 자신의 이익을 위한 것이 아니라면 사람에 따라 다른 방식으로 말하는 것은 교활한 방법이 아닙니다. 그것은 솜씨 있게 일을 처리하는 지혜입니다. 이러한 지혜를 잘 터득하면 적은 노력으로도 큰 성과를 거둘 수 있을 것입니다.

말해야 할 때를
아는 것

"병은 입으로 들어가고 화는 입에서 나온다."라는 속담이 있습니다. 누구든지 말을 할 때는 항상 신중해야 합니다. 하지만 어떤 이들은 남의 기분을 상하게 할까 봐 종일 입을 닫고 아무 말도 하지 않는데, 이것도 별로 좋지 않습니다.

반대로 어떤 이들은 종일 쉬지 않고 떠드는데 쓸 말은 하나도 없습니다. 오히려 옳네, 그르네 따지고 이간질하여 불화만 일으킬 뿐입니다. 그들은 누가 다른 사람을 험담하면 눈에 불을 켜고 맞장구를 칩니다. 그러나 의미 있는 이치에 대해 말하면 하품만 하고 듣지 않습니다.

대화할 때는 사람에 따라 화법이 달라질 수 있습니다. 정직하고 진솔한 사람에게는 진심으로 숨김없이 말합니다. 떠보기를 좋아하는 사람은 이것저것 물어본 후 과장하거나 왜곡하여 없는 이야기를 만들어 내기도 하므로 그런 사람에게는 공연히 길게 말을 해 화근을 만들 필요가 없습니다.

많은 사람이 이런 이치를 몰라서 스스로 문제를 만들곤 합니다. 사실 어떤 말은 반드시 해야 할 때가 있고 하지 말아야 할 때가 있습니다.

미팜 린포체는 일찍이 말했습니다.

"말에 무게가 없으면 사람들이 까마귀를 싫어하듯이 그를 싫어할 것이다."

일부 문화권에서 까마귀는 종일 까악까악 울어 대니 사람들이 흉조라고 생각하고 싫어합니다. 마찬가지로 말을 가볍게 하는 사람 또한 두서없이 재잘대니 누구라도 싫어할 것입니다.

파드마삼바바 존자는 티베트를 떠날 때 제자들에게 이렇게 당부했습니다.

"늘 허튼소리를 하는 사람은 그 마음이 남에게 쉽게 읽힌다. 그가 장난으로 한 말이 어떨 땐 진실로 이해되고, 진실로 한 말은 농담으로 오해되어 쉬운 일도 완수하기 어렵다. 그러므로 모든 제자는 입을 닫고 말을 적게 하는 것이 좋으니라."

송대의 무문혜개선사無門慧開禪師는 자신을 말 없는 노인이라는 의미로 '묵옹默翁'이라 칭했습니다. 그는 자신의 시에서 이렇게 말했습니다.

飽諳世事懶開口 포암세사뢰개구

會盡人間只點頭 회진인간지점두

莫道老來無伎倆 막도로래무기량
更嫌何處不風流 갱혐하처불풍류

세상일을 꿰뚫어 보고도 입은 열기 싫네.
무슨 일이 생겨도 고개만 끄덕이네.
늙은이 재주 없다 여기지 마시게.
진정으로 풍류를 알게 되어 그렇다네.

또한 『묵자墨子』에는 이런 이야기가 있습니다.

한 제자가 묵자에게 가르침을 청했습니다.
"스승님, 말을 많이 하는 것은 어떤 이로움이 있습니까?"
묵자가 대답했습니다.
"두꺼비나 개구리를 보라. 밤낮으로 입이 아프도록 쉴 새 없
이 울어 대지만 누가 들어주기나 하던가. 그런데 수탉을 보라.
새벽 제시간에 천하를 진동시켜 사람을 깨워 주지 않는가. 그러
니 말을 많이 하는 게 무슨 이익이 있겠는가? 중요한 것은 적절
한 때에 말하는 것이다."

부드러운 말의 힘

사람과 사람이 교류할 때 언어는 매우 중요합니다. 사람들과 교류할 때 쓰는 말은 부드럽고 완곡해야지 거친 말을 사용해서는 안 됩니다. 교류에서 좋은 결과를 보려면 서로를 기쁘게 하는 말을 많이 해야 합니다.

불경에 이런 말이 있습니다.

"부드럽고 온화한 말은 죄업을 만들지 않으며 공덕을 더 커지게 한다. 반대로 귀를 자극하는 말은 사람을 해치고 치유하기 힘든 마음의 상처를 준다."

그래서 『맹자孟子』에 "좋은 말 한마디는 삼동 추위도 따뜻하게 하고, 나쁜 말은 사람에게 상처를 줘 유월에도 춥게 한다."라는 말이 있는가 봅니다.

우리가 잘 아는 아래 이야기는 프랑스 작가 라퐁텐이 쓴 우화입니다.

북풍과 남풍이 누가 더욱 센지 힘자랑을 하다가 지나가는 사람의 옷을 먼저 벗기는 사람이 이기는 조건으로 대결했습니다.

북풍이 먼저 맹렬한 기세로 바람을 일으켰습니다. 사람은 옷이 날아갈세라 꼭꼭 옷깃을 여미었지요.

반면 남풍은 따듯한 바람을 천천히 일으켰습니다. 이내 더워지자 사람은 단추를 하나하나 풀더니 결국 옷을 벗었습니다.

아름다운 말은 남풍과 같고 거친 말은 북풍과 같습니다. 어리석은 사람은 일할 때 거친 말을 사용해야 성공할 수 있다고 여깁니다. 그러나 지혜로운 사람은 부드러운 말로 일을 아주 원만하게 처리할 수 있습니다.

대화할 때는 부드러운 말을 사용해야 하는 것 외에도 전달하려고 하는 의미가 분명해야 합니다. 『입보살행론』에 이런 말이 있습니다.

"말은 상대방의 마음에 들게 하고, 또 그 의미가 분명해야 하며 주제와 상관이 있어야 한다."

쉬지 않고 한참을 말했는데도 칭찬하는 말인지 흉보는 말인지 알 수 없다면 오해를 불러오기 쉽습니다. 말을 할 때는 다른 사람이 어떻게 느낄지 고려해야 하며 그 주제가 명확해야 합니다. 이런 대화의 기술을 잘 터득한다면 사람들과의 소통이 훨씬 수월해질 것입니다.

괴로움이야말로

인
생
이
다

6장

부모가 바로
보살

부모 마음은 물과 같고,

자식 마음은 돌과 같다.

부모의 은혜

　자아 중심의 요즘 사회에서는 대부분의 자녀가 일이나 가정을 핑계로 부모를 관심 밖에 둡니다. 부모가 노쇠하고 외로워해도 안부를 묻지 않을 뿐 아니라 자식을 키우느라 온갖 고생을 했다는 사실조차 까마득히 잊고 삽니다.

　티베트에는 "부모 마음은 물과 같고, 자식 마음은 돌과 같다."라는 속담이 있습니다. 자식의 마음은 돌처럼 딱딱해 부모에게 무관심하지만, 부모의 마음은 물처럼 부드러워 늘 자식을 생각합니다. 자녀 나이가 사십, 오십이 되면 걱정할 필요가 없음에도 부모는 자식을 염려하는 마음을 내려놓지 않습니다.

　자녀 된 자로서 우리는 마땅히 가슴에 손을 얹고 '나는 진정 효도하고 있는가?'라고 스스로 물어야 합니다. '효孝'라는 글자를 분석해 보면 위의 '노耂' 자와 아래의 '자子' 자로 이루어져 자식이 부모를 업고 있음을 의미합니다. 하지만 요즘 이를 실천하는 사람이 몇이나 될까요?

다른 것들은 말할 것도 없고, 집에서 부모님이 자녀를 불러도 꼼지락꼼지락 자기 일을 하면서 들은 체 만 체합니다. 대답하더라도 짜증을 내며, 공손함과 효심은 찾아볼 수 없습니다.

나이가 들어 약해져 가는 부모를 돕는 것은 아주 중요한 일입니다. 송나라 때 여공與恭은 당대의 고승이었습니다. 그는 외아들이었기 때문에 홀로 어머니를 봉양했습니다. 어느 날 양식이 떨어져 어머니가 굶게 되자 그는 가사袈裟를 전당 잡히고 음식을 사서 어머니를 봉양했습니다. 모친이 돌아가신 후 그는 어머니에 대한 그리움을 이렇게 시로 표현했습니다.

霜殞蘆花淚濕衣　상운로화루습의
白頭無復倚柴扉　백두무복의시비
去年五月黃梅雨　거년오월황매우
曾典袈裟糴米歸　증전가사적미귀

서리에 쓰러진 갈대꽃을 보니 눈물이 옷을 적시네.
사립문에 기대선 백발 어머니를 다시 볼 수 없네.
지난해 오월 장맛비가 한창일 때는
가사 잡혀 쌀이라도 사 올 수 있었는데.

과거 고승대덕의 역사를 보면 그들에게는 부모에 대한 집착이 있었습니다. 물론 이런 집착은 결코 깨달음을 얻는 데 방해가 되지 않았습니다. 그런데 요즘 일부 출가자들은 모든 것은 '공'이라는 말에 너무 충실해서인지 출가한 후 부모에게 효도하는 마음을 조금도 갖지 않습니다. 그들은 부모조차 아무것도 아니라고 생각하는 것같습니다. 그렇지만 부모에 대한 효도는 누구도 예외일 수 없습니다.

효도는 유교에서뿐 아니라 불교에서도 가장 기본이 되는 선으로 여깁니다. 대승불교든 소승불교든 부모님을 중요시합니다. 『불설부모은난보경佛說父母恩難報經』, 『우란분경盂蘭盆經』, 『지장보살본원경地藏菩薩本願經』 등은 모두 '불문효경佛門孝經'이라 불립니다. 이 경전들은 부모의 은혜는 하해와 같으며, 자식이 어떻게 갚아야 하는지 자세히 기술하고 있습니다.

그러므로 부모님께 잘못하면 그 과보가 매우 엄중합니다. 특히 출가한 사람은 부모를 봉양하기 위해 신도들이 공양한 돈을 부모에게 주어도 됩니다.

부처님 시대에 한 아라한이 있었는데 부모가 매우 가난해 옷과 음식을 드리려고 했으나 감히 그럴 수가 없었습니다. 그래서 부처님께 가르침을 청했습니다. 부처님은 여러 수행자를 불러 놓고 말씀하셨습니다.

"출가한 사람일지라도 부모님께서 필요하다면 드려야 한다."

부처님께서는 이런 말씀도 하셨습니다.

"우리가 성불할 수 있는 것은 모두 부모의 은혜 덕분이다. 도를 닦고자 한다면 부모를 잘 섬겨야 한다."

그러므로 어떤 상황에 있더라도 부모님의 은혜에 보답하는 것을 잊어서는 안 됩니다.

효도를
미루지 마세요

옛날에 공자가 제자들을 데리고 야외에 나갔는데 갑자기 어디서 슬피 우는 소리가 들렸습니다.

공자가 말했습니다.

"얼른 가 보자. 현자가 있을 것이다."

그들이 가서 보니 과연 고어皐魚라는 사람이 있었습니다. 그는 거친 베옷을 입고 손에는 낫을 든 채 길에서 울고 있는 것이었습니다.

공자가 물었습니다.

"무슨 장례가 있습니까? 어찌 이리 슬피 우시오?"

고어가 대답했습니다.

"저는 세 가지 잘못을 저질렀습니다! 어릴 때 배우는 것을 좋아해 여러 나라를 다니며 공부했는데 그 바람에 부모를 소홀히 했습니다. 이것이 첫 번째 잘못입니다. 나의 이상을 실현하기 위해 군주를 모시기에만 힘썼고 부모는 잘 봉양하지 못했으니 이것이 두 번째 잘못입니다. 친구와의 정을 돈독히 하느라 부모와는 소원하게 되었으니 이것이 세 번째 잘못입니다. 이제야 부모님의 은혜에 보답하려 하니 부모님은 계시지 않습니다. 온갖 회한이 가득하여 지금 이렇게 울고 있는 것입니다."

공자는 이를 듣고 제자들을 향해 말했습니다.

"너희들도 이를 경계로 삼아야 할 것이니라."

부모님이 우리를 낳아 주시고 길러 주신 은덕은 어떤 언어로도 묘사할 수 없습니다. 『시경詩經』에 이런 표현이 있습니다.

"가없은 부모님이시여, 나를 낳고 길러 주시느라 고생하시었네…. 그 은혜 갚으려 하니 하늘처럼 끝이 없네."

그러므로 부모님이 살아 계실 때 많이 효도하고 잘 보답해야 합니다. 돌아가시고 나서 땅을 치고 후회한들 아무 소용이 없습니다.

돈은 효도를
대신할 수 없습니다

───────

　어떤 사람들은 부모님이 연로하신 후 매달 약간의 돈을 보내 드리는 것이 효도라고 생각합니다. 하지만 그것이 '효'의 전부는 아닙니다.

　공자는 말했습니다.

　"요즘 효도라는 것은 잘 부양하는 것만을 일컫는다. 그러나 말과 개도 부모를 부양할 수 있다. 공경하지 않으면 어떻게 구별하겠는가?"

　'효'는 부모님이 잘 먹고 잘 입도록 부양하는 것이라고만 생각한다면 개나 말의 행동과 무엇이 다를까요? 부모가 자녀를 키울 때는 결코 물질로만 키운 것이 아닙니다. 부모는 자식에게 사랑을 가득 쏟았습니다. 그러므로 부모님의 깊은 은혜에 대한 보답은, 부모님이 늘 우리를 염려하셨던 것처럼 진정한 관심과 사랑으로 해야 합니다.

　그렇다면 어떻게 하는 것이 진정한 효도일까요?

옛날 후한 시대에 황향黃香이라는 사람이 있었습니다. 그가 아홉 살 때 어머니가 돌아가셔서 이후 줄곧 아버지를 모시며 생활했는데 그 봉양함이 참으로 지극했습니다. 겨울이 되면 아버지에게 한기가 들까 걱정되어 먼저 이불 안에 들어가 몸으로 따뜻하게 데운 다음 아버지가 드시게 했습니다. 여름에는 침소가 너무 더울까 염려되어 자리를 부채질해서 열기를 식힌 후 아버지를 주무시게 했습니다.

황향처럼 정성을 다해 모시는 것이 자녀의 마땅한 도리입니다. 우리는 지금 부모님을 어떻게 모시고 있는지 한번 돌아볼 필요가 있습니다.

금전적으로 부모님을 모시는 것도 중요하지만 더욱 중요한 것은 정신적인 위안을 드리는 것입니다. 노년에 부모는 외롭고 쓸쓸하며, 천대받고 아무도 거들떠보지 않는다는 느낌을 늘 갖게 됩니다. 그러니 자녀는 평소 자주 부모님을 위로하고 기쁘게 해 드려야 합니다.

사실 이렇게 하는 것은 공정하고 합당한 일입니다. 우리가 막 태어나서 먹을 줄도 입을 줄도 걸을 줄도 모를 때 부모님은 모든 것을 희생하며 정성껏 우리를 돌보셨습니다. 우리가 자라면서 공부하고 직장을 갖고 가정을 이루고… 부모님이 노심초사하지 않은 날이 있었을까요? 우리가 자라 어른이 되면 부모님은 어느덧 노쇠해 힘도 없습니다. 이제는 우리가 보살펴 드려야 할 차례인데, 부모님께 무심하다면 그것은 정말 사람의 도리가 아니겠지요.

어떤 사람은 태어날 때부터 부모의 관심을 하나도 받지 못한 것처럼 부모에게 아주 무관심합니다. 이러한 현상은 부모의 교육과도 관련이 있습니다. 어떤 부모는 식구들이 함께 밥을 먹을 때 아이에게 젓가락으로 반찬을 집어 주며 "아이고 내 새끼. 네가 최고야."라고 말합니다. 사실 이렇게 하는 것은 좋지 않습니다. 밥을 먹을 때는 할아버지, 할머니, 부모님께 공경을 표하도록 가르치는 것이 좋습니다. 이렇게 하나하나 조금씩 가르쳐야 어른에 대한 존경심이 생기게 됩니다.

삼국시대에 육적陸績이라는 사람이 있었습니다. 그가 여섯 살 때, 한번은 장군 원술袁術의 집에 갔는데 원술이 귤을 주니 그것을 바로 먹지 않고 몰래 품에 숨기는 것이었습니다. 그러고는 놀다가 집에 가려고 고개 숙여 인사를 하는데 품에 숨겼던 귤 세 개가 또르르 굴러떨어졌습니다. 원술은 하하 웃으며 물었습니다.

"귤이 적었던 모양이구나, 집에 가서 더 먹으려고?"

"아닙니다. 이렇게 맛있는 귤을 먹기 아까워서 어머니께 가져다 드리려고요."

원술은 깜짝 놀랐습니다. 겨우 여섯 살에 불과한 어린아이가 자기보다 어머니를 먼저 생각한 것이 놀랍고 대견했던 것입니다.

어린 육적처럼 항상 부모님을 먼저 생각하는 것이 올바른 효도입니다.

부모님 말씀이
보살 말씀

어떤 사람은 공부를 좀 했다고 오만함이 하늘을 찌릅니다. 부모님이 무슨 말씀을 하시면 무시하며 대꾸합니다.

"엄마, 아빠가 뭘 알아요? 제발 좀 저를 가르치려 들지 마세요."

심지어는 "주절주절 무슨 잔소리가 그리 많아요? 짜증 나게!"라며 화를 냅니다.

이런 말은 두말할 것도 없이 부모님을 가슴 아프게 합니다.

학식의 정도와 상관없이 부모님의 자식 사랑은 모두 진심에서 나온 것이니, 부모가 평소에 하는 가르침에는 분명 가치가 있습니다. 자식은 그 사랑을 함부로 저버리지 말아야 합니다. 특히 부모님이 잘못을 꾸짖으면 "사랑이 깊을수록 질책도 깊다."라는 옛말을 새기며 자기 잘못을 인정하고 겸허히 받아들여야 합니다.

옛날에 양보楊甫라는 사람이 있었는데 어렸을 때 부모님이 그를 끔찍이 사랑했습니다. 그러나 양보는 어른이 되고 부모님이 노쇠해지자 부모가 하는 말을 더 이상 듣고 싶지 않았고 모든 말이 잔소리처럼 들렸습니다.

어느 날 그는 반복되는 무미건조한 삶이 싫어서 출가를 결심했습니다. 사람들에게 물으니 무제대사無際大師가 수행의 경지가 높다고 해 부모와 작별하고 그를 찾아 수천 리 길을 떠났습니다.

양보는 천신만고 끝에 무제대사를 찾아 청했습니다.

"대사님 문하에서 불법을 배우고 싶습니다."

대사가 말했습니다.

"아무래도 직접 불보살을 찾아가 배우는 것이 낫지 않겠는가."

양보는 물었습니다.

"저도 부처님을 몹시 뵙고 싶습니다. 그런데 어디 계시는지 모릅니다."

대사는 말했습니다.

"그야 매우 간단하네. 우선 얼른 집으로 돌아가게. 거기서 어깨에 이불을 걸치고 신발을 거꾸로 신은 사람을 만나게 되면 그가 바로 부처님의 화신이라네."

양보는 이 말을 듣고 부처님을 뵙게 된다는 생각에 얼른 집으로 돌아왔습니다. 집에 오니 밤이 이미 깊었습니다. 문을 두 드리며 어머니를 불렀습니다. 자고 있던 어머니는 아들이 돌아왔다는 것을 알고 기쁜 마음에 덮고 있던 이불을 그대로 어깨에 걸치고, 아들을 얼른 볼 생각에 신발도 거꾸로 신고 뛰쳐나왔습니다.

양보가 어머니의 모습을 보니 무제대사가 말한 '어깨에 이불을 걸치고 신발을 거꾸로 신은' 바로 그 불보살의 모습이었습니다. 예전부터 지금까지 어머니가 자신을 가르치고 사랑으로 보살폈던 기억이 하나둘씩 떠올랐습니다. '부모가 집안의 살아 있는 보살이었구나!' 여기서 크게 깨달은 양보는 부모님을 안고 울음을 터트렸습니다.

"불효막심한 소자, 여태 부모님의 사랑을 몰랐습니다! 이제부터는 부모님 말씀을 꼭 잘 따르겠습니다."

이후 양보는 보살 모시듯 부모님을 극진히 섬겼다고 합니다.

설령 부모님의 학식이 높지 않더라도 부모님이 하시는 말씀은 인생에 대한 경험에서 나오는 말이며 모두 자식을 위한 것입니다. 그러니 자식은 부모님 가르침을 잘 따라야 합니다.

맹자가 어렸을 때 한번은 공부에 싫증이 나 서당에서 몰래 빠져나와 일찍 집에 돌아왔습니다. 맹자의 어머니는 마침 베틀에 앉아 베를 짜고 있었는데, 아들을 보고는 아무 말도 하지 않고 짜고 있던 베를 싹둑 잘라 버렸습니다. 베는 짜다가 중간에 잘라 버리면 아무짝에도 쓸모가 없게 됩니다.

효자였던 맹자는 바로 무릎을 꿇고 물었습니다.

"어머님, 왜 베를 잘라 버리십니까?"

맹자의 어머니는 대답했습니다.

"학문은 하루 이틀에 이루어지는 것이 아니다. 마치 내가 베를 짤 때 한 가닥 한 가닥 실을 꼬아서 하나하나 엮어야 한 필의 천이 되고 마침내 옷이 되는 것과 같다. 학문도 이처럼 긴 과정이 필요하거늘 너처럼 조금 해 보고 중도에 포기하면 어떻게 훌륭한 사람이 되겠느냐?"

맹자는 어머니의 이 준엄한 훈계에 정신을 번득 차리고 다시는 수업에 빠지지 않고 학업에 전념했습니다. 후에 맹자는 공자에 이어 성현의 반열에 듭니다.

일부 부모는 공부를 많이 하지 못했을 수 있지만, 살면서 많은 역경을 극복했기 때문에 세상을 살아가는 방법과 이치를 자식보다 훨씬 잘 압니다. 그것은 우리가 어설프게 아는 지식보다 더욱 가치 있습니다. 그러므로 우리는 생활에서 부딪히는 여러 문제에 대해 부모님과 상의를 하는 것이 좋습니다. 그들의 충고와 지도는 큰 도움이 될 것입니다.

부모님께는 항상
부드럽게 말하세요

사람이 늙으면 어린아이로 변한다는 말이 있습니다. 설령 부모님이 매일 도박을 하고 술만 마시고 싸운다 해도 자녀는 부드러운 말로 권유해야 합니다. 신랄한 말이나 거친 태도는 피해야 합니다.

한 청년이 이렇게 말하는 것을 들은 적이 있습니다.

"오늘 노친네 하는 일이 영 신통치 않아서 한마디 쏘아 줬지."

그는 자기 아버지를 이렇게 대하면서 마치 영웅이나 된 듯이 우쭐거렸습니다. 설령 아버지가 잘못했더라도 이렇게 말해선 안 됩니다. 부모님은 어떻더라도 웃어른이니, 잘못이 있어도 부드러운 말로 이야기해야 합니다. 관점이 달라 부모님이 자식의 의견을 받아들이지 않을 수도 있지만 그래도 완곡하게 부모님을 설득하는 것이 올바른 도리입니다.

옛날 손원각孫元覺이라 불리는 아이가 있었습니다. 어릴 때부터 효성이 지극하고 어른을 공경했습니다. 그런데 그의 아버지는 할아버지에게 아주 불효한 자식이었습니다.

하루는 아버지가 돌연 병든 할아버지를 광주리에 담아 깊은 산에 갖다 버리려고 하였습니다. 손원각은 꿇어앉아 울면서 말렸지만 아버지는 꿈쩍도 하지 않았습니다. 순간 손원각은 기지를 발휘해 아버지에게 완곡하게 말했습니다.

"정말로 아버지가 할아버지를 버리시겠다면 저도 어쩔 수 없습니다. 다만 그 광주리는 다시 가져오시는 것이 좋겠습니다."

아버지는 물었습니다.

"낡은 광주리는 어디다 쓰려고?"

"아버지가 늙으시면 저도 그 광주리에 담아 버려야지요."

아버지는 이 말을 듣고 크게 깨달아 이후로 할아버지를 잘 모셨다고 합니다.

설령 부모님이 잘못하고 고집불통이더라도, 자녀는 차근차근 부드러운 말로 권해 잘못을 고치도록 하는 것이 좋습니다. 심한 말로 부모님을 난감하게 할 필요가 없습니다. 부모님에게 잘못이 있으면 부드럽고 완곡하게 말씀드려야 합니다. 부모님이 자식의 의견을 따르지 않더라도 계속 부모님을 공경해야 합니다.

부모님의 잘못에 대해 자식이 여러 방법으로 부드럽게 건의

하면 부모님은 자식의 뜻을 받아들일 가능성이 높습니다. 이렇게 하면 부모님의 권위가 지켜지고 자녀도 효도의 본분을 다할 수 있습니다.

7장

생로병사가
모두
즐거울 수
있다

늙는 것을 두려워하면서
장수하기를 바라는 것은
어리석은 자의
그릇된 생각일 뿐이다.

죽음에 대한 준비

요기 초왕Yogi Chowang은 닥포 린포체Dakpo Rinpoche의 수제자로서 티베트에서 인정받는 대성취자입니다.

캄 지역의 한 수행자가 초왕 존자의 명성을 듣고 가르침을 얻으러 왔습니다. 그는 존자께 베를 바치고는 법을 전해 달라고 청했습니다. 그런데 존자는 처음에는 아무 말도 하지 않았습니다. 여러 번 부탁하자 존자는 그의 손을 잡고 진지하게 말했습니다.

"나도 죽을 것이고 너도 죽을 것이다! 나도 죽을 것이고 너도 죽을 것이다! 나도 죽을 것이고 너도 죽을 것이다!"

이어 존자는 수행자에게 알려 주었습니다.

"내 스승님의 가르침도 다른 게 없었다네. 맹세컨대 이보다 더 뛰어난 비결은 없다네."

이 이야기를 듣고 '이게 무슨 뛰어난 비결이야? 나도 죽을 것이고 너도 죽을 것이라는 말은 나도 알아. 이게 뛰어난 비결이라면 나도 가르칠 수 있겠네!'라고 생각하는 사람도 있을 것입니다.

그런데 캄에서 온 수행자는 믿음이 강했기 때문에 아래와 같이 생각했습니다.

'스승님 말씀이 확실히 일리가 있어. 스승님께서는 언젠가는 입적하실 것이고 나도 언젠가는 죽을 거야. 죽을 때는 이 육신조차도 가져가지 못하는데 다른 물건이야 말해 무엇 하겠는가? 그러니 나는 무상의 이치를 열심히 수행해 모든 것에 대한 집착을 버려야겠다.'

그는 이 가르침에 따라 수행에 정진하여 결국 큰 성취를 얻었습니다.

수행하는 사람은 항상 죽음을 염두에 두어야 합니다. 인광대사는 그의 불당에 큼지막하게 '사死'자를 걸어 놓고 사람들에게 훈고합니다.

"우리 생명은 무상하다, 번개처럼 빠르게 지나간다."

"시간이 얼마 없다네, 살날이 얼마인가, 한번 숨이 멎으면 바로 내생으로 간다네."

이러한 가르침을 통해 고승대덕들도 죽음의 문제를 중요시함을 알 수 있습니다.

역대 큰 성취를 이룬 수행자들은 윤회의 고통에서 벗어나기 위해 굳건한 믿음을 가지고 밤낮으로 용맹정진했고, 마침내 큰 깨달음을 얻었습니다. 그런데 애석하게도 현대인들은 세간의 갖가지 일에는 시시콜콜 따지고 온갖 머리를 쥐어짜면서도 정작 죽음이라는 중요한 문제에 대해서는 무시합니다. 저승사자가 자신을 잊어버렸다고 생각하는 것같습니다. 그런데 이것은 귀를 막고 방울을 훔치는 것처럼 자신을 속이는 행위입니다.

우리는 무시이래, 집착 때문에 마음의 본성을 잃어버렸습니다. 원래 있던 본성의 빛이 무명에 덮여서 계속 윤회의 고해苦海를 떠돕니다. 이번 생에서 깨달음을 얻지 못하면 생로병사의 고통에서 벗어나기가 극히 어렵습니다. 마음의 본성을 깨닫고 윤회에서 영원히 벗어나려면 피나는 노력을 해야 합니다.

"보검의 날카로움은 연마에서 나오고 매화 향은 추위의 고통에서 나오네."라는 말이 있습니다. 모든 것을 내려놓고, 늘 죽음에 대해 사유하면서 부지런히 수행해야 비로소 깨달음의 향기를 맡을 수 있습니다.

노년에
수행하기

"석양은 한없이 아름다운데, 황혼이 가까워지네."

당나라 시인 이상은 李商隱은 아름다운 것을 붙잡을 수 없는 아쉬움을 이렇게 탄식했는데, 이 시는 노년의 삶을 매우 사실적으로 묘사하고 있습니다.

물질적으로는 큰 걱정이 없지만, 정신적으로는 갈수록 공허감을 크게 느끼는 노인이 많습니다. 깊은 고독감과 시간을 어떻게 보내야 할지 모르는 점은 노인들의 가장 큰 심리적 장애입니다. 자녀는 부모가 잘 드시고 좋은 옷을 입게 해 드리는 것이 효도라 생각하지만 정작 부모의 마음은 소홀히 합니다.

노년에 들면 체력은 점점 떨어지고 치아도 성하지 않아 아무리 맛있는 음식일지라도 소화하기 힘듭니다. 노안으로 눈은 침침해져 먼 곳이나 작은 것을 볼 수 없습니다. 청각도 이전보다 나을 리 없습니다. 게다가 건망증도 생겨 늘 멍합니다. 총체적으로 온갖 병마에 시달리는 것이지요.

노인들은 자유롭게 쓸 시간이 많지만 자신이 흥미 있는 일을 찾기는 쉽지 않습니다. 자녀들은 자기 일로 바빠 전화로 가끔 안부를 물을 뿐 곁에서 늘 보살펴 드리기 어렵습니다. 그래서 노인들은 온종일 울적하고 성격도 점점 괴팍해지며 마음도 점점 우울해집니다.

일본에서는 매년 약 만 명의 노인이 자살하고 미국에서는 매년 약 오만 명의 노인이 스스로 생을 마감합니다. 이러한 상황에서 불법을 배우는 것은 노인에게 더없이 좋은 선택입니다. 노인은 어느 정도의 인생 경험이 있어서 쉽게 헛된 욕망에 끌리지 않기 때문에 젊은이보다 불법의 이치에 훨씬 잘 공감합니다. 티베트에서는 노년에 들면 관세음보살 진언을 외우고 불탑을 돌고 등燈 공양을 하는 등 매일 바쁘게 보냅니다. 그래서 티베트 노인들 중 인생이 공허하다고 생각하는 사람은 적고, 그들은 늘 시간이 부족하다고 말합니다.

"어린아이가 불법을 배우면 나쁜 길로 빠지지 않고 노인이 불법을 배우면 치매에 걸리지 않는다."라는 말이 있습니다. 집중해서 불법을 배우고 남은 생에 내세를 위한 선근 공덕을 많이 쌓으면 노년이 공허하거나 적적하지 않을 뿐만 아니라 지혜와 해탈을 얻을 수 있습니다.

『정토성현록淨土聖賢錄』에 이런 이야기가 있습니다.

항저우의 어느 노부인이 효자암孝慈庵의 도원道源 스님에게 물었습니다.

"어떤 법을 수행해야 제가 이번 생에 바로 윤회에서 벗어날 수 있나요?"

스님이 대답했습니다.

"보살님께서는 염불하는 것이 제일 좋습니다. 그런데 염불은 어렵지 않지만, 그것을 지속하는 것이 어렵습니다. 혹시 지속한다고 해도 오로지 일심으로 하는 것이 어렵습니다. 전심전력으로 아미타불을 염송하고 지성으로 극락왕생을 갈망하면 임종할 때 부처님이 보살님을 윤회에서 벗어나게 해 주실 것입니다."

이 말을 들은 노부인은 기뻐서 절하고 물러났습니다.

집에 돌아온 후 노부인은 집안의 모든 일을 며느리와 다른 가족에게 맡기고 깨끗한 방에서 매일 염불 수행을 했습니다.

몇 년 후 노부인은 다시 스님을 찾아왔습니다.

"스님의 가르침을 따라 집안일을 버리고 염불에만 전념했습니다. 오래 지속하기는 하였으나 일심으로 집중하기가 어렵습니다. 다시 가르침을 주십시오."

스님이 말했습니다.

"집안일을 버렸다고 하나 자식, 손자들에 대한 사랑의 집착을 끊지 못하니 어찌 일심으로 집중할 수 있겠습니까?"

노부인은 탄식하며 말했습니다.

"스님 말씀이 지극히 옳습니다! 제 몸으로 하는 세속적인 일은 이미 내려놓았으나 제 마음은 다스리지 못했습니다. 지금부터 정말로 모든 세속적인 집착을 내려놓겠습니다."

노부인은 돌아와서 일심으로 염불에 집중하고 다른 일에 신경 쓰지 않겠다고 항상 자신을 일깨웠습니다. 시간이 지나고 사람들은 그 노부인을 어떤 일에도 신경 쓰지 않는다는 의미로 '백불관百不關'이라 불렀습니다.

다시 몇 년이 흘러 스님을 만났을 때 노부인이 말했습니다.

"스님 말씀이 그릇됨이 없었습니다. 며칠 후 저는 극락왕생할 것입니다."

수일 후 노부인은 편안히 눈을 감았는데 방에 향기와 상서로운 기운이 가득했습니다.

이처럼 불법을 배우는 것은 노인에게 이상적인 의지처입니다. 많은 노인이 불법을 배우면서 정신적인 의지를 얻었으며 미래에 대한 확신을 얻었습니다. 세상의 모든 노인들이 자신의 노년을 위해 현명한 선택을 하고 여생을 의미 있게 보내시기를 바랍니다!

생로병사는
하나의 윤회일 뿐

노쇠. 이것은 현대인 최대의 적입니다. 누구도 늙는 것을 원치 않기 때문에 온갖 방법으로 청춘을 붙들어 두려고 합니다. 그렇지만 주름은 나날이 많아지고 무정한 세월은 막을 수 없습니다.

사람이 늙으면 온몸에 주름이 가득하고 근육이 줄어들고 피부도 탄력을 잃게 됩니다. 관절이 시원찮아 앉고 서기도 버겁습니다. 이쯤 되면 뭘 해도 기쁘지가 않고 괴롭습니다. 그런데 사실 그렇게 고통스러워할 필요는 없습니다. 가을이 되면 아무리 물을 주고 비료를 주어도 꽃이 시드는 것처럼 사람도 늙으면 이와 같습니다. 이는 엄연한 자연의 법칙이니 우리는 이에 순응해야 합니다.

예순둘의 한 여인이 늙는다는 사실을 받아들일 수 없어 안면 수술과 가슴 확대 수술을 받았다고 합니다. 여인은 수술한다는 사실을 집에 알리지도 않았고 남편에게만 백만 원 정도의 작은 수술이라고 했습니다. 그런데 실제로는 그 몇십 배의 비용을 썼던 것입니다. 그러나 수술은 성공하지 못했고 여인은 수술 부작용으로 영원히 세상을 떠나야 했습니다.

요즘 많은 노인이 이처럼 생로병사의 이치를 모르고 아무런 의미 없는 일들을 맹목적으로 합니다. 하지만 노화가 일단 시작되면 아무리 피하려 해도 소용이 없습니다.

『유가사지론瑜伽師地論』은 늙으면 나타나는 다섯 가지 증상에 대해 말하고 있습니다.

1. 아름다운 모습이 쇠퇴한다: 신체와 얼굴의 윤기가 사라지고 젊었을 때 모습은 다시 볼 수 없다.
2. 기력이 쇠퇴한다: 이전의 왕성했던 기운이 허약해진다.
3. 감각이 쇠퇴한다: 눈, 코, 귀 등 모든 감각이 날로 노화한다.
4. 수용력이 쇠퇴한다: 이전에는 욕망대로 모든 것을 즐겼으나 이제는 하고 싶어도 몸이 따라 주지 않아 할 수 없다.
5. 수명이 쇠퇴한다: 수명이 날로 줄어든다.

사람이면 누구나 이 다섯 가지 운명을 피하기 힘듭니다. 생로병사는 자연의 법칙으로 누구도 이를 초월할 수 없습니다.

어떤 사람은 노쇠의 고통을 견딜 수 없어 빨리 죽고 싶다고 합니다. 그렇지만 정작 죽음이 눈앞에 닥치면 아주 두려워하고 어떻게든 살아 보려 발버둥 칩니다. 그런데 노쇠함을 대하는 수행자의 자세는 일반인과 큰 차이가 있습니다. 심지어 노쇠함을 통해 사람을 선한 길로 이끌기도 합니다.

일본에 양관선사良寬禪師라는 유명한 분이 있었습니다. 말년이 되었을 때 고향 친척이 그를 찾아와 부탁했습니다. 선사의 조카가 일은 하지 않고 매일 주색에 빠져 보내니 불법으로 그를 좀 계도해 달라는 것이었습니다. 선사는 그러겠다고 대답하고 조카를 찾아갔습니다.

갑자기 나타난 선사를 본 조카는 선사가 자기를 훈계하러 온 것이라 예감했습니다. 하지만 조카는 삼촌을 정성스레 대접하고 하룻밤을 함께 자자고 청했습니다. 무슨 말이 나올까 조마조마했는데 뜻밖에도 선사는 훈계하는 어떤 말도 하지 않았습니다. 조카의 잘못에 대해서는 아무것도 모르는 것처럼 말입니다.

이튿날 선사가 떠나려 하면서 조카에게 말했습니다.

"나이가 드니 양손이 떨리는구나. 내 신발 끈을 좀 매어 주겠니?"

조카는 즐겁게 삼촌이 요청한 대로 했습니다. 이때 선사는 의미심장하게 말합니다.

"고맙다! 아이고, 사람이 늙으니 어떤 일도 잘하지 못하는구나. 신발 끈조차 못 매니 말이다. 너는 너 자신을 잘 돌보거라.

젊을 때 열심히 살고 장래를 위해 기초를 잘 닦아 둬야 한다."

　말을 마치고 선사는 바로 떠났습니다. 그의 방탕한 생활에 대해서는 한마디 말도 하지 않은 채 말입니다. 그날 이후로 조카는 다시는 주색에 빠지지 않았으며, 지난날의 잘못을 뉘우치고 완전히 달라졌습니다.

　사람은 노화를 담담하게 받아들여야 합니다. 나이는 분명 팔십이 되었는데 기필코 사십으로 돌아가 아름다웠던 순간을 다시 살려고 하지 마세요. 이는 불가능한 일입니다. 사까 빤디따는 말했습니다.

　"누구나 장수하기를 바라면서 늙는 것은 겁낸다. 늙는 것을 두려워하면서 장수하기를 바라는 것은 어리석은 자의 그릇된 생각일 뿐이다."

　말로는 받아들일 수 있다고 쉽게 말하지만 정작 노화가 실제로 닥치면 우리는 어떻게 반응할까요? 이는 우리의 수행에 달려 있습니다. 만약 어떤 경지에 도달한다면 노화는 수행의 한 부분일 뿐입니다.

죽음에 임박해서
부처님 다리를 붙잡지 마세요

80층 고층 아파트에 사는 형제가 있었습니다. 한번은 둘이 심야에 귀가하게 되었는데 엘리베이터가 수리 때문에 멈춰 있었습니다. 힘이 팔팔한 청년들이라 형제는 걸어 올라가기로 했습니다.

20층까지 올라왔을 때 조금 힘들어지자 형이 말했습니다.

"가방이 너무 무겁다. 일단 여기 뒀다가 내일 엘리베이터 고치면 들고 올라가자."

이에 둘은 무거운 가방을 거기 두고 계속 올라갔습니다. 훨씬 수월했습니다.

40층까지 올라오니 너무 힘이 들어 동생이 볼멘소리를 했습니다.

"형은 엘리베이터 수리한다는 공고를 봤잖아. 왜 미리 말 안 해 줬어?"

"잊어버렸잖아. 이제 와서 어쩌라고."

둘은 티격태격하면서 60층까지 올라갔습니다. 그들은 서로가 불만이었으나 이제는 하도 피곤해서 다툴 힘도 없었습니다. 잠시 쉬었다가 다시 올라갔습니다.

80층에 다 올라오자 형제는 기진맥진했습니다. 일단 숨을 좀 고른 후 문을 열려고 주머니에서 열쇠를 꺼내려는데 어라, 열쇠가 없었습니다. 아! 20층에 두고 온 가방 안에 열쇠가 있었던 것이었습니다. 어쩔 수 없이 둘은 문 앞에서 잠을 잘 수밖에 없었습니다.

이 이야기는 우스갯소리로 들릴 수 있지만, 불법의 관점에서 보면 우리 인생의 각 단계를 잘 설명해 주고 있습니다.

스무 살 때는 생활이나 일에서 기본적으로 큰 스트레스가 없습니다.

마흔 살 때는 가정과 직장 등 여러 면에서 갈등이 끊임없이 생기며 불만으로 가득합니다.

예순 살 때는 마음에 불만이 가득해도 더 이상 원망할 힘이 없습니다.

여든 살이 되어 죽음에 임박하면 살아온 삶을 되돌아보고 아무것도 이룬 것이 없다고 느낍니다. 또 내세를 위한 중요한 열쇠를 스무 살 때 두고 와 버렸다고 느낄 수도 있습니다.

만약 스무 살에 수행을 시작해 여든 살이 되었다면 즐겁고 자유자재한 경지에 이르렀을 가능성이 높습니다. 그런데 일생을 대충대충 살다가 막상 죽음이 가까워지자 시간을 되돌려 새사람이 되고자 한다면 이는 불가능한 일입니다.

그러므로 이 이야기를 통해 자신을 독려하기 바랍니다. 젊을 때부터 수행할 수 있다면 가장 좋습니다. 하지만 만약 그런 인연이 없었다면 불법을 접하는 그때부터 수행에 정진해도 늦지 않습니다. 그렇게 해야 죽음에 이르러 후회하지 않을 것입니다!

피로움이야말로

인
생
이
다

8장

/

우리의 삶은
왜
이토록
힘들까요

만족하는 마음은

돈으로 살 수 없습니다.

가장 큰 문제는
'무상'을 모르는 것

　　사람은 언젠가는 죽기 마련이며 이것은 누구도 피할 수 없는 운명입니다. 우리는 태어난 날부터 죽음을 향해 한 발짝 한 발짝 다가가고 있습니다. 수명은 바닥이 구멍 난 물통처럼 절대 늘어나지 않고 점점 줄어들 뿐입니다. 저승사자는 석양의 그림자처럼 시시각각 쉼 없이 우리에게 다가옵니다.

　　누구도 죽음의 시간을 미리 정할 순 없습니다. 오늘 저녁이 될지 내일이 될지 아무도 알 수 없습니다. 저승사자는 누구와도 시간을 예약하는 법이 없어서 종종 예기치 않게 나타나 우리를 황천길로 데려갑니다.

　　『지장경地藏經』에 이런 말이 있습니다.

　　"무상한 저승사자, 갑자기 오네."

　　『사십이장경四十二章經』에서는 부처님이 제자들에게 묻습니다.

　　"생명은 얼마나 길까?"

한 제자가 대답했습니다.

"며칠이겠지요."

다른 제자가 대답했습니다.

"밥 먹는 시간 정도이겠지요."

부처님은 고개를 가로저었습니다. 또 다른 제자가 대답했습니다.

"생명은 잠시 호흡 한 번 하는 시간입니다."

부처님은 그제야 고개를 끄덕였습니다.

이를 통해 사람의 생명이 얼마나 나약한지 알 수 있습니다. 우리가 사는 집은 특별한 자연재해가 없다면 몇십 년은 무너지지 않습니다. 그런데 우리의 생명이 몇십 년 갈 수 있다고는 아무도 보장해 주지 못합니다. 용수보살도 『친구에게 보내는 편지親友書』에서 "오늘 저녁 깊이 잠이 들지만, 내일 무사히 일어날지는 아무도 모른다."라고 했습니다.

세상 사람들의 가장 큰 문제는 무상을 잘 모른다는 것입니다. 죽음은 그렇게 빨리 오지 않을 것이라고 순진하게 생각하면서 온종일 몇십 년 후의 일을 계획합니다. "황천길에는 노소老少가 없다."는 말을 모르는 것입니다. 죽음은 우리가 생각한 만큼 그렇게 천천히 오거나 예측할 수 있는 것이 아닙니다.

죽음이 다가오는 방식과 시간을 우리는 절대 확정할 수 없습니다. 내일이 먼저 올지 죽음이 먼저 올지 누가 알 수 있을까요?

혹자는 이렇게 말합니다.

"언젠가는 누구나 죽을 운명인데 겁낼 것이 뭐가 있어?"

대담한 척하고 있지만 사실 자기기만입니다. 모든 사람이 결국 죽는다고 해서 우리 개개인이 죽음의 고통에서 벗어나는 것은 아닙니다. 따라서 진정으로 자신을 책임지려면 이번 생의 탐욕과 집착을 최대한 빨리 내려놓고 길고 긴 내세를 위해 더 많이 준비해야 합니다.

대부분의 사람은 죽음에 대해 말하는 것을 꺼립니다. '죽음'을 말하는 것을 금기라 생각합니다. 그들은 자신도 언젠가 '죽음의 길'에 들어선다는 것을 분명히 압니다. 그러나 이를 일부러 외면하고 잊어버립니다. 그리고서는 이번 생의 것들만 죽기 살기로 탐하고 내세를 위해서는 조금도 준비하지 않습니다. 이는 마치 타조가 위험에 처했을 때 모래 속에 머리를 숨기는 것처럼 어리석은 일입니다.

문득 장원선사狀元禪師의 「성세시醒世詩」가 생각납니다.

急急忙忙苦追求　급급망망고추구
寒寒暖暖度春秋　한한난난도춘추
朝朝暮暮營家計　조조모모영가계
昧昧昏昏白了頭　매매혼혼백료두

是是非非何日了　시시비비하일료
煩煩惱惱幾時休　번번뇌뇌기시휴
明明白白一條路　명명백백일조로
萬萬千千不肯修　만만천천불긍수

허겁지겁 살면서 괴롭게 추구하며
추웠다 더웠다 세월만 보냈네.
아침저녁으로 먹고살다 보니
희끗희끗 흰머리만 가득하네.
시시비비는 언제 그치며
가슴속 번뇌는 언제 끝날꼬.
길은 한 가닥 명명백백한데
아무도 수행의 길을 가려 하지 않네.

고통의 80퍼센트는
돈에 관련되어 있습니다

이 세상 행복의 80퍼센트는 돈과 무관하며, 고통의 80퍼센트는 돈에 관련되어 있습니다. 불교에서는 돈에 대해 어떻게 생각할까요? 그것은 선도 아니요, 악도 아니며 아름다움도 아니고 추함도 아닙니다. 돈은 사람들에게 즐거움을 주기도 하고 고통을 주기도 하는데, 이는 돈을 어떻게 사용하느냐에 달려 있습니다.

당나라 때 정치가이자 문학가였던 장설張說은 「전본초錢本草」라는 글에서 돈을 약초에 비유해 설명합니다.

"돈은 좋은 것도 나쁜 것도 아니다. 잘만 쓰면 약초가 질병을 치료하는 것처럼 세상과 사람을 구할 수 있고, 자기와 남을 이롭게 한다. 잘못 쓰면 약초가 독이 되는 것처럼 생명을 해치고, 자기와 남을 해칠 수 있다."

그런데 안타깝게도 요즘 많은 사람이 돈을 제대로 쓰지 못하는 듯합니다. 어떤 사람에게는 돈이 많을수록 고통도 큽니다. 이는 파툴 린포체^{Patrul Rinpoche}가 말한 것과 같습니다.

"찻잎 하나 있으면 그 찻잎 하나만큼의 고통이 있고, 말 한 마리 있으면 그 말 한 마리만큼의 고통이 있다."

부처님께서도 『대보적경^{大寶積經}』에서 말씀하셨습니다.

"재물의 본질은 꿈과 같아서 극히 허망한 것이다. 어리석은 자는 이를 잘 모르니 재물에 쉽게 미혹된다. 사실 재물은 아주 빠르게 얻을 수도 있고, 빠르게 잃을 수도 있다. 지혜로운 자는 이를 잘 꿰뚫어 보니 어찌 그것을 악착같이 탐하겠는가?"

당나라 때 방온거사^{龐蘊居士}라는 사람이 있었습니다. 원래 부자였으나 모든 재물을 배에 싣고 강에 버렸습니다. 어떤 사람이 그 이유를 묻자 거사는 대답했습니다.

"세상 사람들 모두 재물을 중시하지만 나는 오히려 찰나이더라도 마음의 고요함이 더 낫다네. 재물은 사람의 마음을 혼란케 하지만, 고요함은 마음의 본성을 깨닫게 하거든."

물론 돈에 대한 집착을 완전히 없애는 것은 대다수 사람에게 극히 어려운 일입니다. 그래서 부처님께서도 정당한 방법으로 부를 축적하는 것은 허락되는 일이라고 했습니다.

『잡아함경雜阿含經』과 『선생자경善生子經』에도 우리가 번 돈은 네 등분하여 사용해야 한다고 언급하고 있는데, 사 분의 일은 옷과 음식 등 기본적 생활에 쓰고, 사 분의 이는 사업에 투자하고, 나머지 사 분의 일은 불시의 필요에 대비해 저축하라는 것입니다.

이처럼 부처님도 모든 재산을 버리라고 하신 것은 아닙니다. 우리가 지렁이처럼 흙만 파먹고 살 수는 없기 때문이지요. 특히 가정을 꾸리고 있다면 돈 없이 생활해 나갈 수가 없습니다.

그렇더라도 돈을 과도하게 숭배해서는 안 됩니다. 사실 돈은 사람들이 생각하는 것처럼 모든 것을 가능하게 해 주는 만능의 것이 아닙니다. 세상 사람들도 "돈으로 집을 살 수 있으나 따뜻함은 살 수 없고, 돈으로 약을 살 수 있으나 건강은 살 수 없으며, 돈으로 책을 살 수 있으나 지혜는 살 수 없고, 돈으로 침대를 살 수 있으나 수면은 살 수 없다."라고 말하지 않습니까.

하지만 유감스럽게도 많은 사람이 돈을 '주인'으로 모시고 자신은 돈의 '노예'가 됩니다. 집이 한 채 있으면서도 한 채 더 사려 하고, 차가 한 대 있으면서도 한 대를 더 구입하려 하고…. 있어도 그만 없어도 그만인 것을 얻기 위해 자신의 일생을 허비하고 마땅히 누려야 할 행복을 놓쳐 버립니다.

마음을 다스리는 것은
기술입니다

　세상의 모든 현상은 마음에서 생긴 허상 아닌 것이 하나도 없습니다. 그런데도 뭇 중생은 가짜를 진짜로 믿습니다. 허상을 실재한다고 믿고 집착하기 때문에 각종 고통이 끊임없이 일어나는 것입니다.

　어떻게 이럴 수 있을까요? 마음의 힘은 참으로 불가사의합니다. 마음은 가능한 것을 불가능하게도 하고 불가능한 것을 가능하게도 합니다. 우리는 오랫동안 현상이 사실이라는 믿음으로 우리 마음을 훈련해 왔고, 이는 제2의 천성이 되었습니다.

　옛말에 "세상 모든 일은 꾸준히 연습하면 결국 성취할 수 있다."라고 했습니다. 무용수가 처음에는 어떤 동작도 하지 못하다가 점차 훈련을 거치면서 아주 훌륭하게 춤출 수 있는 것과 같습니다.

　부처님께서도 다음과 같이 말씀하셨습니다. "어떤 생각이 사실이든 그렇지 않든 오랜 기간 반복하여 완벽히 익숙해지면, 자연스럽게 그렇다고 여기게 된다."

이러한 사례는 흔히 볼 수 있습니다. 어느 의과대학의 교수가 학생들에게 약 한 알을 주면서 이 약은 혈압을 상승시킬 수 있다고 말했습니다. 학생들에게 약을 먹게 하고 혈압을 재 보았더니 과연 학생들의 혈압이 상승했습니다. 사실은 그저 사탕이었는데도 말입니다.

또 이런 이야기도 있습니다. 한 환자가 감기로 병원을 찾아 엑스레이를 찍었더니 폐암이라는 청천벽력 같은 진단을 받았습니다. 이 말을 들은 환자의 상태는 더욱 악화되어 끝내 침대에서 일어날 수가 없었습니다. 일주일 후 병원은 환자에게 전화해 자신들의 실수를 사과했습니다. 엑스레이를 다시 살펴보니 폐암이 아니라 가벼운 감기였다는 것입니다. 그 소식을 듣고 환자는 언제 그랬느냐는 듯이 벌떡 일어났다고 합니다.

저 또한 비슷한 경험이 있습니다. 한동안 기침이 심해 동네 병원을 찾았습니다. 의사는 폐렴이라 진단했고 폐에 문제가 심각하다고 말했습니다. 바로 그날 오후 가슴 부근에 심한 통증이 느껴졌습니다. 혹시 폐렴이 아니라 폐암은 아닐까 하는 걱정도 들었습니다. 그 후 큰 병원에 갔을 때 폐와는 전혀 무관하다는 말을 듣자 바로 가슴 통증이 사라지는 것을 느꼈습니다.

이렇듯 마음의 힘은 대단합니다. 그래서 대자대비하신 부처님은 이렇게 말씀하셨습니다.

"법계法界의 모든 물성을 보라. 모든 것은 마음이 만들어 내는 것이니라."

또한 이렇게 강조하셨습니다. "무릇 모든 상相은 허망한 것이니라."

이 말의 진정한 의미를 안다면 고통을 줄이는 데 큰 도움이 될 것입니다. 평소 좌절이나 불쾌한 일을 겪게 될 때 이렇게 생각해 보세요.

'이것은 모두 내 마음이 만들어 낸 것이다. 집착하지 않는다면 이와 같지 않을 것이다.'

그리하면 처음에는 받아들이기 힘들 것같았던 큰일도 보잘 것없이 느껴질 것입니다.

마음의 본성을
이해하면

　고통이나 즐거움은 외부의 어떤 것에서 생기는 것인가, 아니면 마음에서 생기는 것인가? 이 문제에 대해 고민해 본 사람은 많지 않을 것입니다. 요즘의 부자들은 호화로운 집에 살면서도 근심과 걱정을 그칠 날이 없습니다. 또 정치인들은 그 지위를 놓치지 않기 위해 때로는 억지웃음을 지어야 하고 잠도 편하게 자지 못합니다. 이를 통해 고통과 즐거움은 마음에서 생기며 외적인 지위나 물질과는 크게 상관이 없음을 알 수 있습니다.

　만일 고락이 외부 대상에서 오는 것이라면 같은 대상에 대해 모두 똑같은 느낌을 받아야 할 것입니다. 그런데 실제로는 그렇지 않습니다. 예를 들어 더러운 변을 보면 우리는 코를 막고 피하지만 개돼지는 그 향기에 좋아라 하며 덤빕니다. 아름다운 사람을 보면 수행자는 그저 하나의 육신으로 여기지만 탐욕이 강한 사람은 미묘한 희열을 느낍니다.

　같은 대상을 보고도 이토록 느낌이 다른 것을 보면, 고통과

233

즐거움은 외부 대상에 있는 것이 아니라 마음이 만들어 내는 작용임을 알 수 있습니다. 마음이 좋다고 여기면 즐거움이요, 나쁘다고 여기면 고통인 것입니다.

옛날, 도연명陶淵明이 산속에 은거할 때 줄이 없는 칠현금을 하나 만들었습니다. 형태만 있고 소리가 나지 않는 이 악기를 도연명은 집에서 항상 혼자 연주하며 흥겹게 놀았습니다. 도연명의 행복은 도구에서 왔을까요, 마음에서 왔을까요?

마음의 본성을 이해하거나 나아가 공의 이치를 깨닫기만 하면 무엇이 진정한 즐거움인지 알 수 있습니다. 그것을 모르고서는 아무리 힘들여 즐거움을 찾으려 해도 즐거움은 무지개처럼 자신에게서 점점 멀어집니다.

『입보살행론』에서도 이렇게 말하고 있습니다.

"불법의 최고 정수인 마음의 비밀을 모른다면, 안락을 얻으려 하고 고통에서 벗어나려 해도 그저 의미 없이 떠돌 뿐이다."

만족할 줄 아는 일의
어려움

　만족함을 아는 사람이 최고의 부자입니다. 설사 돈이 한 푼도 없더라도 우리는 진정한 부자가 될 수 있습니다.

　용수보살은 『친구에게 보내는 편지』에서 이렇게 말했습니다.

　"부처님이 말씀하시길, 세상의 모든 재산 중에서 만족할 줄 아는 것이 제일 귀중하다. 만족할 줄 알면 설령 돈 한 푼 없더라도 진정한 부자이다."

　한 신문 기사가 생각납니다. 원저우溫州라는 곳에 억만장자가 있었습니다. 그는 돈이 굉장히 많았지만 조금도 행복하지 않았습니다. 한번은 그가 수행원들에게 둘러싸여 호텔을 나오는데 거지가 손을 벌렸습니다. 부자는 귀찮다는 듯이 천 원짜리 하나를 거지에게 주었습니다. 그러자 거지가 뛸 듯이 기뻐했습니다.

　이를 본 억만장자는 놀랍다는 생각이 들었습니다. 자기는 하루에 수천만 원을 벌어도 늘 노심초사하는데 거지는 고작 천 원짜리 하나에 어찌 저리 기뻐할 수 있는지 궁금했습니다. 그래서 수행원을 먼저 보내고 거지에게 함께 식사하자고 했습니다. 다른 사람들이 그를 알아볼까 봐 얼굴을 가리며 억만장자는 거지와 인생에 대해 토론했습니다.

거지는 하루에 몇천 원만 있으면 식사하기에 충분하고 하루하루가 즐겁고 편안하다며, 내일 또 벌면 되니 아무 걱정 없이 잠도 푹 잘 수 있다고 말했습니다.

거지의 말을 들은 억만장자는 비애감이 들었습니다. 왜냐하면 자신은 매일 불면증에 시달렸고 아무리 좋은 수면제를 먹어도 깊이 잘 수 없었기 때문이죠. 억만장자는 재물이 꼭 즐거움을 가져다주는 것은 아니라는 사실을 깊이 깨달았습니다.

소동파의 태도에서도 우리가 배울 점이 많습니다. 소동파가 항저우杭州에서 관직에 있을 때 불인선사와 가깝게 지냈습니다. 그들은 종종 서호에서 배를 타고 놀며 선禪과 도道에 대해 토론하고, 동파육東坡肉* 요리에 대해 공유하며 즐겁게 시간을 보냈습니다.

후에 소동파가 좌천되어 남방으로 가게 되었습니다. 그 지역

---

* 삼겹살에 진간장 등의 향신료를 넣고 조리한 항저우의 대표 음식 중 하나. 소동파가 처음 만들었다고 하여 '동파육'이라 한다.

은 황량하고 외딴곳으로 물자가 귀해 돼지고기로 만든 동파육은 꿈도 못 꿨습니다. 그러나 소동파는 "매일 여지荔枝* 삼백 개를 먹을 수 있다면 영원히 여기 살아도 만족한다."라며 기쁘게 말했습니다.

얼마 후 그가 벼슬마저 잃자 사소한 선물조차 보내 주는 이가 없었습니다. 그런데도 그는 "국화 피면 중양절**이고, 하늘에 보름달 뜨면 추석이네. 하루하루가 모두 명절이니 가족이 옆에 없어도 기쁘기만 하네."라며 유유자적했습니다.

소동파는 복이 많을 때는 그것을 누리고, 고초를 겪어 힘들 때는 힘든 대로 그것을 받아들이고 즐길 줄 아는 사람이었습니다. 임어당林語堂은 소동파를 가리켜 "어떻게 해도 바꿀 수 없는 낙관주의자"라고 평했는데, 이러한 낙관주의는 바로 현재 가지고 있는 것에 만족할 줄 아는 태도에서 나옵니다.

이에 비해 요즘 일부 사람들은 물질적으로 풍족하고 생활이 화려하지만 즐겁지 않고, 종일 근심 가득 오만상을 지으며 삽니다. 이런 사람들에게는 외부 환경이 아무리 좋아도 아무런 의미

---

* 중국 남부에서 자라는 아열대 상록교목의 열매로, 비늘 모양의 껍질이 울퉁불퉁하게 돌출되어 있고 익으면 붉은색이 된다.

** 한나라 때부터 유래한 중국의 명절로 매년 음력 9월 9일이다.

가 없습니다.

사람들은 잘 먹고 잘 입고 좋은 집에 사는 것이 가장 즐거운 일이라고 여기지만 사실 이런 즐거움은 오래가지 못합니다. 가장 오래 누릴 수 있는 즐거움은 만족을 아는 마음에서 나옵니다. 『팔대인각경八大人覺經』에서 "모든 고통은 탐욕에서 생기니 욕심을 줄이면 심신이 자유자재할 수 있다."라고 한 것도 같은 이치입니다.

재물은 가을 하늘에 떠다니는
구름과 같습니다

　'무상'의 이치를 안다면 이번 생의 재산이나 명예, 이익에 강하게 집착하지 않게 됩니다. 실제로 부자들에게서 우리는 무상의 이치를 배울 수 있습니다.

　예를 들어 볼까요? 중국의 한 경제 잡지에서 '2009년 중국 갑부 리스트'를 발표했을 때, 2008년에 육조 원 이상을 가졌던 여덟 명의 부자는 한 명도 들지 못했습니다. 또 2008년 사조 원 이상을 가졌던 부자 스물여섯 명은 다음 해인 2009년, 겨우 한 명만이 그 금액을 유지하고 있었습니다. 불과 일 년 만에 억만장자 수는 크게 줄었고 그중 일부는 재산 규모가 급락했습니다.

　또 한때 아시아 최고의 여자 갑부였던 공루신龔如心의 일화를 볼까요. 그는 남편과 함께 자수성가하여 부동산 재벌이 되었습니다. 1997년 미국의 경제 잡지 『포브스Forbes』가 선정한 '세계 초갑부 리스트'에 그의 개인 자산이 칠십 억 달러로 소개되어 있는데 이는 세계 화교 여인 중 최고이며, 영국 여왕 재산의 일곱 배에 해당하는 금액입니다. 이 같은 거부도 남편이 불행하게 죽자 시아버지와 재산 상속 문제로 다투게 되어 구 년 동안 기나긴 소송에 휘말립니다. 결국 소송에서 이겨 재산을 모두 차지하게 되었지만, 말기 암이 네 군데나 퍼져 있었고 승소한 지 일 년 반 만에 세상을 떠나고 맙니다.

미팜 린포체가 "몸은 물거품과 같고, 재물은 가을 하늘에 떠다니는 구름과 같다."라고 한 말을 정확히 보여 주는 것같습니다. 그런데 애석하게도 부귀영화를 좇는 데에만 바빠 이런 이치를 진정으로 이해하는 사람이 아주 적습니다.

감산대사는 「성세가^{醒世歌}」에서 말했습니다.

春日才看楊柳綠 춘일재간양류록

秋風又見菊花黃 추풍우견국화황

榮華終是三更夢 영화종시삼경몽

富貴還同九月霜 부귀환동구월상

봄날 버들 푸른 빛을 보이더니

어느새 가을바람 노란 국화 보는구나.

세속 영화 마침내는 한밤의 꿈같고

부귀도 되돌아보면 구월 서리 같네.

봄날 버드나무의 푸릇함을 보았는데, 어느덧 가을이 되어 노란 국화를 봅니다. 두 색의 대비를 통해 봄과 가을의 무상한 변천을 느낄 수 있습니다. 같은 이치로 빛나는 영광도 한밤의 꿈처럼 금방 지나가고, 재산과 높은 지위도 구월에 내리는 서리처럼 금세 사라집니다.

그러니 감산대사의 이 가르침을 깊이 사유하면 좋겠습니다. 인생은 무상하니 재물에 대해 최대한 초연한 태도를 갖기 바랍니다!

돈이 많을수록
욕망을 줄여야 합니다

행복의 핵심은 얼마나 많은 돈을 움켜쥐고 있느냐가 아니라 얼마나 욕심을 줄이느냐에 있습니다. 욕심이 적으면 땅 위에 누워도 즐겁고, 욕심이 많으면 천당에 있더라도 만족스럽지 않습니다.

사람은 만족할 때가 드뭅니다. 단칸방에 살면 아파트에 살고 싶고 아파트에 살면 별장을 갖고 싶어 합니다. 별장을 갖게 되면 더 큰 꿈을 꿉니다. 봄에 창문을 열면 교토 거리에 아름답게 핀 벚꽃을 볼 수 있고, 여름에 집 안에서 알프스의 시원한 바람을 즐길 수 있고, 가을에 집 정원에서 제네바 호수의 달그림자를 볼 수 있고, 겨울에 문을 나서면 하와이 해변의 부드러운 황금빛 모래사장을 밟을 수 있는….

옛날 한 부자의 아들이 친구와 싸우다가 져서 씩씩거리며 집에 왔습니다. 마침 집에 하인이 보여서 그의 뺨을 열 차례 때려 분을 풀었습니다. 그 후 슬그머니 미안한 생각이 들어서 하인에게 천 원짜리 한 장을 쥐여 주었습니다. 이 하인은 워낙 욕심이 많았던지라 돈을 보자마자 얼굴의 고통은 즉시 사라졌고 싱글 벙글 웃으며 말했습니다.

"도련님, 더 때리셔도 됩니다. 돈만 주신다면요."

이 말을 들은 그는 돈만 밝히는 하인이 괘씸해서 흠씬 두들겨 패고 한 푼도 주지 않은 채 내쫓아 버렸습니다.

요즘 많은 사람이 이 하인과 같이 돈의 노예가 되어 버렸습니다. 부자 앞에서는 알랑거리며 비위 맞추는 것을 부끄럽게 생각하지 않으며 기꺼이 모욕을 받습니다. 이들은 돈으로 무슨 일이든 할 수 있다고 굳게 믿으며 온갖 방법을 다해 부를 좇습니다. 셰익스피어가 책에서 묘사한 것과 같습니다.

"돈, 오, 내 돈이여. 번쩍번쩍 빛나는 귀한 존재여! 그대만 있으면 흑이 백으로 바뀌고, 추함이 아름다움으로 바뀌도다. 거짓을 진실로 바꿀 수 있고, 천한 것을 귀하게 바꿀 수 있도다. 노인을 소년으로 만들 수 있고, 겁쟁이를 용사로 만들 수 있도다."

많은 이가 돈에 '힘'이 있다고 믿으며 돈을 숭배합니다. 그들은 돈이 행복을 가져다줄 것으로 생각하지만 행복은 만족하는 마음 상태라는 것을 모릅니다. 만족하는 마음은 돈으로 살 수 없습니다.

비교할수록
더욱 손해

남과 비교하기를 좋아하는 것은 마음을 동요시키고 불안하게 만드는 근원입니다.

한 올림픽 수영 경기에서 일본, 미국, 러시아 선수가 각각 금메달, 은메달, 동메달을 목에 걸었습니다. 경기가 끝난 후 기자들이 일본 선수에게 물었습니다.

"당신 양쪽 레인의 미국 선수와 러시아 선수가 세계 신기록을 깼던 선수라는 것을 알았나요?"

일본 선수는 대답했습니다.

"아뇨. 몰랐습니다."

기자가 다시 물었습니다.

"다른 선수들이 당신 바로 뒤에 따라오고, 러시아 선수가 당신을 한 번 추월했던 것은 알았나요?"

그는 고개를 저으며 말했습니다.

"아뇨, 저는 앞만 보고 헤엄쳤습니다. 뒤에 누가 따라오는지 누가 추월하는지 신경 쓰지 않았고 그저 제 레인에만 집중했습니다."

이 일화를 통해 우리는 자신의 길을 걸으면서 본분을 다하고 다른 사람과 비교하지 않으면 성공할 수 있음을 알 수 있습니다. 타인과 비교하다 보면 자신도 모르게 남을 모방하게 됩니다. 그런데 모방한다는 것은 남이 이미 완성한 것을 따라 하는 것이기에 결과적으로 남보다 뒤처지게 됩니다. 스스로 노력해서 얻은 결과야말로 진정 자기 것이 됩니다. 설령 그 결과가 모두 뜻대로 되지 않는다 해도 말입니다.

질투심을
기뻐하는 마음으로 바꾸기

질투는 극히 보편적이며 아주 해로운 마음 상태입니다. 자기보다 뛰어난 사람을 보면 견딜 수 없고 미워하는 마음이 생긴다면 그것이 곧 질투입니다.

『잡비유경雜譬喩經』에 시기와 질투가 얼마나 무서운지를 설명해 주는 이야기가 있습니다.

옛날 인도에 한 브라만이 아내가 아이를 낳지 못하자 첩을 통해 아이를 하나 얻었습니다. 질투를 참지 못한 본처는 몰래 침으로 아기의 정수리를 찔러 숨지게 했습니다.

첩은 억장이 무너지는 슬픔에 빠졌습니다. 그것이 본처의 소행임을 알게 되자, 팔관재계를 받고 지켜 그 공덕으로 복수하겠다고 발원했습니다.

첩은 일주일 후에 죽었습니다. 이후 칠팔 세대 동안 그 본처의 아들로 환생했습니다. 환생한 아들은 얼굴도 준수하고 총명

했지만, 태어나는 족족 어린 나이에 죽게 되었습니다. 본처의 고통은 말할 수 없이 컸습니다.

후에 아라한의 화신인 한 스님이 이런 일이 생기는 인과를 본처에게 알려 주었습니다. 본처는 그제야 대오각성하고, 수계를 받고자 스님께 청했습니다. 청을 받아들인 스님은 이튿날 절로 본처를 불렀습니다.

다음 날 본처가 절에 가는데 첩이 독사로 변해 본처의 길을 막았습니다. 이 광경을 본 스님은 독사로 변한 첩을 엄하게 꾸짖고는 두 사람이 원한을 풀고 과거의 잘못을 참회하게 했습니다.

질투의 쓸모는 오직 한 가지입니다. 바로 그것이 훌륭한 문학 작품을 만들어 낸다는 것입니다! 셰익스피어 비극에 나오는 오셀로는 아내를 의심하고 질투합니다. 그는 결국 아내를 죽이고 자신도 자살합니다. 이들의 죽음은 슬프면서도 안타깝습니다. 그런데 가슴에 손을 얹고 생각해 보면, 우리에게는 오셀로와 같은 시기심과 질투심이 없는지요?

가능한 한 질투하지 않는 것이 제일 좋습니다. 다른 사람의 즐거움을 진심으로 축복하고 함께 기뻐해 줘야 합니다. 그렇게 하지 못하더라도 자기 마음을 잘 다스려야 합니다. 질투심 때문에 복수의 마음을 가져서는 절대 안 됩니다. 이렇게 발심하면 모든 게 끝장입니다! 질투라는 전쟁터엔 패배만 있고 전리품은 없습니다. 질투심이 심한 사람은 잠시 남을 해할 수 있더라도 결국엔 자신을 해하게 됩니다.

재물과 덕행

제가 학생이었을 때 학교 분위기는 그렇게 좋지 않았습니다. 학생들은 매일 누구 옷이 좋고 비싼지, 누구 도시락이 더 좋은지 비교하는 것이 인생의 주요 목표인 것같았습니다.

중국 진나라 때 석숭石崇과 왕개王愷라는 두 거부가 있었는데 둘은 서로의 부를 경쟁했던 것으로 유명합니다. 왕개가 식사 후 꿀물로 그릇을 씻자 석숭은 귀한 초를 땔감으로 썼습니다. 왕개가 사십 리 길을 비단으로 장막을 치자 석숭은 오십 리로 맞섰습니다. 왕개가 붉은색 광물인 적석지로 벽을 칠하자 석숭은 산초 열매로 벽을 꾸몄습니다.

한번은 왕개의 조카인 진무제晉武帝가 왕개를 돕기 위해 두 자 높이의 희귀한 산호를 하사했습니다. 왕개가 이를 석숭에게 자랑하자 석숭은 쇠 방망이로 산호를 때려 부숴 버렸습니다. 이에 왕개가 노발대발하자 석숭은 "걱정하지 말게, 내가 지금 똑같은 것으로 갚아 주면 되지 않겠는가."라고 말하고 자기 집에 있는 산호 예닐곱 개를 가져오게 했는데, 가져온 것을 보니 크기는 서너 자에 왕개의 것보다 훨씬 좋은 것이었습니다.

　요즘은 부를 자랑하는 것이 하나의 유행이 되어 버렸습니다. 심지어 외딴 벽지에서도 그렇습니다. 명절이 되면 입은 옷이 얼마나 고급인지, 장신구가 얼마나 비싼지 서로 비교합니다. 대도시에서는 부를 비교하는 현상이 끝없이 나타나고, 어떤 행동은 말문까지 막히게 합니다.

　사실 이러한 부의 과시는 좋지 않습니다. 삶에서 중요한 것은 덕행과 학문입니다. 덕행과 학문이 높다면 생활이 빈곤해도 부끄럽지 않습니다.

　불가의 고승대덕들 중에도 검소한 분들이 많습니다. 혜림선사慧林禪師는 이십 년을 신발 한 켤레로 살았고, 통혜선사通慧禪師는 깁고 또 기운 한 벌의 옷으로 평생을 살았습니다. 요즘 사람들이 철마다 옷을 바꾸고 유행 따라 새 옷을 장만하는 것과는 무척 대조적입니다.

　옛말에 "검소하다 사치하기는 쉬워도, 사치하다 검소하기는 어렵다."라는 말이 있습니다. 처음에 검소하게 살다가 여건이 좋아져 사치하기는 쉬우나, 사치스럽게 살다가 검소하기는 아주 어렵습니다. 예를 들어 어떤 사람은 어릴 때 응석받이로 '왕자님', '공주님' 소리 들으며 자기 하고 싶은 대로 다 하면서 자랍니다. 그러다 집안에 불행이 닥쳐 하룻밤 사이에 가난하게 되어 생계를 위해 싸워야 할 때, 이런 사람들은 마음이 너무 약해 상황을 받아들이지 못하고 심지어 자살하기까지 합니다. 물질적인 풍족함에 빠져 정신적으로 단련이 되지 않았기 때문입니다.

황금만능주의 시대에 자신의 모습은 어떤지 반성해 보는 것이 정말로 필요합니다. 삶을 살면서 그저 유행을 좇고 향락만을 추구해서는 안 되며 덕행과 학문을 닦는 일에 더 관심을 가져야 합니다.

삶에서 가장 의미 있는 일은 사심 없이 사회에 헌신하고, 보답을 바라지 않는 마음으로 남을 돕는 것입니다. 맹목적으로 남과 비교하며 경쟁하는 일은 피해야 합니다.

실패의 원인

오만은 자신의 과오와 남의 공덕을 보지 못하게 만듭니다.

옛날 인도의 어떤 왕에게 두 아들이 있었습니다. 작은아들은 자신이 왕위를 이을 가망이 적다는 것을 알고 인적 드문 깊은 산속에 들어가 수행에 전념했습니다.

얼마 후 왕이 죽고 큰아들이 왕위를 이었으나 뜻밖에도 그 역시 곧 죽고 말았습니다. 연이어 두 왕을 잃은 신하들은 상의 후 수행 중인 둘째 왕자를 모셔서 왕으로 추대하기로 했습니다. 처음에는 거부하던 둘째 왕자는 신하들의 간청에 못 이겨 왕으로 즉위하게 되었습니다.

그런데 수행에만 전념하던 그는 왕이 되어 뭐든지 마음대로 할 수 있게 되자 슬그머니 음욕이 발동하여 사악한 국법을 만들었습니다.

"왕은 나라 안의 모든 미혼 여인과 첫날밤을 보낼 권리를 가진다."

신하들은 깜짝 놀라 반대했으나 오만해진 왕은 신하들의 말을 조금도 귀담아듣지 않고 그들을 죽이기까지 했습니다.

이렇게 얼마의 시간이 흘렀습니다. 하루는 한 여인이 벌거벗은 채로 수많은 남자 앞을 뛰어다니다가 서서 소변을 보았습니다. 사람들이 창피한 줄도 모르냐고 여인을 비난하자 여인이 말했습니다.

"여기에는 모두 여인들밖에 없는데 뭐가 창피하다는 거요? 당신네 여인들은 서서 소변을 보고 왜 나는 안 된단 말이오?"

옆 사람이 말했습니다.

"무슨 소리, 우리는 모두 남자들이오!"

여인은 눈을 부릅뜨고 말했습니다.

"남자라고요? 이 나라에 남자라고는 왕 한 사람밖에 없소. 그렇지 않고서야 어떻게 당신들의 처, 딸, 여동생이 왕에게 능욕을 당하는데 보고만 있을 수 있단 말이오? 왕의 행동은 나보다 몇백 배 수치스러운 일인데도 당신네 남자들은 어찌 참고만 있단 말이오?"

이 말에 정신이 번쩍 든 백성들은 궁으로 쳐들어가 폭군을 처단했습니다.

오만한 사람은 자신이 남보다 뛰어나다고 생각합니다. 비옷을 입고 있으면 빗물이 들어갈 수 없는 것과 같이 오만한 사람에게는 어떤 공덕도 쌓일 수가 없습니다.

티베트 속담에 이런 말이 있습니다.

"오만의 산꼭대기에는 공덕의 물이 머무를 수 없다."

또 어떤 사람은 이렇게 말하기도 합니다.

"오만의 쇠구슬에는 공덕의 싹이 틀 수 없다."

지혜로운 사람은 오만할 까닭이 없습니다. 지혜롭지 않은 사람은 오만으로 자신을 욕되게 할 뿐입니다. 미팜 린포체도 말했습니다.

"지혜로운 자 오만할 필요 있겠는가, 오만이 없어 더욱 장엄해진다. 우매한 자 오만으로 무엇을 하는가, 오만으로 더욱 모욕받는다."

그러므로 우리는 마음속의 모든 오만을 버리고 중생을 위해 기꺼이 헌신하겠다는 마음을 가져야 합니다.

시간을 낭비하는 것은
생명을 해하는 것과 같습니다

　시간을 대수롭지 않게 여기는 사람은 다른 사람과 수다를 떠는 것이 하나의 즐거움이라고 여깁니다. 그러나 진정으로 생명의 무상함을 알고, 사람으로 태어난 것이 소중함을 아는 사람은 재물을 버릴지언정 시간을 헛되이 쓰려 하지 않습니다.

　세월은 쏜살같이 흘러 한번 가면 돌아오지 않습니다. 태어나서 죽기까지 수십 년이라고 하지만 돌아보면 순식간입니다. 세상 사람들은 종종 시간이 금이라고 하는데 수행자에게 시간은 더더욱 중요한 가치를 가집니다.

　석가모니부처님이 전생에 브라만 신분이었을 때 고요한 곳에서 수행하고 있었습니다. 제석천帝釋天이 그의 수행에 감동받아 원하는 것을 들어주겠다고 하였습니다. 브라만이 대답했습니다.

　"저는 다른 소망이 없습니다. 저를 다시 찾아오지 않으시는 것이 선물입니다. 당신이 오시면 제 마음이 산란해집니다."

진정한 수행자에게는 그를 방해하지 않는 것이 최고의 선물이라는 것을 알 수 있습니다. 한 불자도 저에게, 누가 집에 방문하거나 전화를 해 시간을 뺏기는 것이 가장 두렵다고 말한 적이 있습니다.

불학원佛學院의 어느 켄포도 말합니다.

"누군가가 일 때문에 찾아와 다른 화제로 한도 끝도 없이 이야기할까 봐 차라리 먼 길이라도 내가 직접 그 사람 집에 가서 일을 보고 돌아옵니다. 그 편이 시간을 낭비하지 않습니다."

나공파Nagongpa대사는 "그럴듯한 이론에 대해 논의하기보다는 제불보살의 전기를 공경히 읽고 그들이 어떻게 처음부터 끝까지 보살의 길을 실천했는지 배워야 한다."라고 말했습니다.

중국의 현대문학가 루쉰魯迅도 『문외문담門外文談』에서 "시간은 생명과도 같다. 괜히 다른 사람의 시간을 허비하도록 하는 것은 그의 생명을 해치는 것과 다르지 않다."라고 했습니다.

그러므로 설령 자신이 수행을 하지 않더라도 다른 수행자의 생명과 같은 시간을 빼앗아서는 절대 안 됩니다.

불법을 배우는 목적은
신통력이 아닙니다

　불교에 대해 잘 모르는 수행자들은 천안통天眼通, 천이통天耳通 등 여러 신통력에 아주 집착합니다. "누가 천안통을 가졌어.", "누가 관세음보살을 봤대."라고 자랑하는 것을 자주 듣습니다. 또 적지 않은 사람들이 이런 신통력을 바라며 수행합니다. 그러나 이렇게 하면 해탈의 목적을 이루지 못할 뿐 아니라 오히려 사악한 길에 빠질 수 있습니다.

　옛날 돔돈빠 거시Geshe Dromtönpa가 네 명의 유가사瑜珈士를 데리고 길을 가고 있었을 때의 일입니다. 하루는 해가 중천에 떠서 점심 공양을 할 때가 되었는데 먹을 것이 하나도 남아 있지 않았습니다. 배가 고파 쩔쩔매고 있을 때 제자인 곤파와Gönpawa가 확실하다는 듯이 말했습니다.

　"우리는 곧 산 위로 올라오는 사람이 가져오는 음식을 먹을 수 있을 것입니다."

　말을 마치기가 무섭게 과연 한 시주가 풍성한 음식을 가져와 그들의 허기를 면하게 해 주었습니다.

됨돈빠는 지금껏 공덕을 숨기는 것을 중요시했기 때문에, 제자가 신통력을 보인 것을 매우 엄하게 꾸짖었습니다.

"곤파와야, 네가 신통이 있다 하더라도 그렇게 잘난 체하며 드러내지 말거라!"

고승대덕은 특별히 중생을 인도하기 위해 필요한 경우가 아니라면 쉽게 신통력을 드러내지 않는다는 것을 알 수 있습니다.

요즘 일부 수행자 중에는 어떤 특이한 현상을 보았다느니 신비한 소리를 들었다느니 하면서 특별한 감응을 얻은 것처럼 자랑하는 사람들이 있습니다. 그러나 사실 이런 것들은 중요하지 않습니다. 수행을 통해 이기적인 마음은 줄어들고, 남을 이롭게 하겠다는 마음이 커진다면 이것이 바로 최상의 신통력입니다!

이타심이 있어야
복을 얻습니다

요즘 사람들은 깨달아 성불하는 경지를 매우 부러워하며 이와 관련된 이야기를 시작하면 귀를 세우고 흥미로워합니다. 그런데 성불은 무엇을 위해 하는 것일까요?

파툴 린포체는 이에 대해 우리에게 명확히 알려 줍니다.

"성불하는 것은 중생을 이롭게 하기 위해서이지, 혼자 유유자적하고 즐겁기만을 위함이 아니다. 수행의 목적은 성불이지만 성불은 결국 남을 이롭게 하기 위한 것이다!"

『제자문답록弟子問答錄』에서도 "세상의 다른 일은 큰 의미가 없고, 오직 중생을 이롭게 하는 일이 가장 뛰어나다."라고 말합니다. 이는 부처님이 가장 기뻐하는 일이기도 합니다. 『화엄경』에서도 "중생을 기쁘게 하는 것이 모든 부처님을 기쁘게 하는 것이다."라고 말합니다.

티베트에 라 로짜와Ra Lotsawa라는 대성취자가 있었습니다. 한번은 그가 고요한 곳에서 장기간 선정에 들려고 했습니다. 이때 갑자기 본존이 나타나 그에게 말했습니다.

"고요한 곳에서 천백만 겁 동안 선정에 머무르는 공덕보다 한 명의 중생에게 해탈의 씨를 뿌리는 공덕이 더욱 크다."

이런 가르침을 얻은 그는 즉시 참선을 거두고 세상을 돌면서 중생을 제도했다고 합니다.

결국 남을 이롭게 하는 것이 가장 의미 있는 수행이라는 뜻입니다. 만약 능력이 부족해 실천으로 중생을 이롭게 하지 못한다고 할지라도, 단지 마음으로라도 이타심을 내고자 노력한다면 그 복덕은 제불보살에 공양하는 것보다 훨씬 뛰어납니다.

샨티데바^{Shantideva}도 "단지 중생을 이롭게 하려는 마음이 불전에 공양하는 것보다 낫다."고 했고, 『승월여경^{勝月女經}』에서도 "남을 이롭게 하려는 마음만 있어도 그 복이 무량한데, 나아가 실천한다면 더 말할 필요가 있겠는가?"라고 말합니다.

그런데 일부 사람들은 근시안적 사고로 단기적인 이익에만 몰두하고 이타심은 완전히 버립니다. 이는 아주 어리석은 행동입니다.

불경에 이런 이야기가 있습니다.

옛날, 어떤 아버지와 아들에게 귀한 여의보주^{如意寶珠}가 하나 있었습니다. 어느 날 아버지는 졸음이 와 잠시 잠을 자기 전에 아들에게 당부했습니다.

"보물을 잘 지키거라, 절대 누구에게도 주면 안 된다."

아버지는 잠들었고 잠시 후 도둑이 들었습니다. 도둑은 보물을 보고 아들에게 말했습니다.

"이 여의보주는 그저 돌덩어리일 뿐인데 너에게는 아무런 필요가 없다. 내가 당장 먹을 수 있는 귀한 사탕을 줄 테니 여의보주와 바꾸는 게 어떻겠니?"

아들은 듣고 보니 일리가 있는 것같아 여의보주를 주고 사탕을 얻었습니다.

이처럼 귀중한 것을 버리고 하찮은 것을 얻는 행동은 참으로 안타깝습니다. 그런데 요즘 많은 사람이 이 아들처럼, 이타심의 가치를 모르고 작은 이익을 위해 소중한 것을 버립니다.

『입보살행론』은 "세상의 모든 즐거움은 남을 이롭게 하는 마음에서 생기고, 세상의 모든 고통은 자신을 이롭게 하는 마음에서 생긴다."라고 말합니다. 다른 것은 둘째치고, 본인이 고통에서 벗어나 즐거움을 얻으려면 이타심을 가져야 합니다.

예전에 한 선량한 부부가 있었는데 실직 후 작은 식당을 차렸습니다. 부부는 인심이 좋아 돈을 내고 음식을 먹는 손님뿐만 아니라 거지들도 줄을 서서 얻어먹으러 왔습니다. 부부는 거지들에게도 손님이 남긴 음식이 아닌 손님들과 똑같은 음식을 주었습니다. 이는 마음에서 우러난 선행이었습니다.

어느 날 저녁, 식당이 있는 건물에 원인 모를 화재가 발생했습니다. 그 위급한 상황에서 어디선가 거지들이 나타나 위험을 무릅쓰고 식당 안의 물건들을 밖으로 옮기며 구조를 도왔습니다. 얼마 후 소방차가 왔고 가게를 지킬 수 있었습니다. 주위의 많은 점포는 적시에 구조되지 않아 잿더미가 되었지만, 착한 부부는 결국 선행의 보답을 받은 것이지요.

이 일을 통해 우리는 이타심의 중요성을 잘 알 수 있습니다. 다른 것은 없어도 괜찮지만, 이타심만은 있어야 합니다. 이타심이 있다면 당장 복이 오지 않는다고 해도 화는 닥치지 않을 것입니다.

보답을 바라지 않고 행하면
더 큰 보답이 옵니다

부처님이 아직 보살이셨을 때, 그가 몸, 재산, 왕위, 처자식을 보시할 때마다 제석천이 무엇을 위해 그렇게 하느냐고 물었습니다. 그는 대답했습니다.

"오직 중생이 즐겁기만을 바랄 뿐입니다. 그밖에 어떤 이유도 없습니다."

우리는 비록 부처님처럼 할 수는 없더라도 최대한 조건 없이 남을 이롭게 하는 일에 힘써야 합니다. 인연이란 불가사의한 것이어서, 아무런 보답을 기대하지 않았지만 가끔은 우리가 생각지도 못한 수확을 얻을 수도 있습니다.

예전에 한 가난한 대학생이 집집마다 방문하며 물건을 파는 아르바이트로 겨우 학비를 대고 있었습니다. 어느 날 점심때, 배가 너무 고팠던 그는 한 집의 문을 두드렸습니다. 아파트 문이 열리니 뜻밖에도 어린 소녀가 나왔습니다. 겸연쩍기도 했지만 어쩔 수 없어 말문을 열었습니다.

"제가 배가 너무 고픈데 혹시 먹을 걸 좀 줄 수 있을까요?"

여학생은 빵 몇 조각과 물 한 잔을 주었습니다. 그는 허겁지겁 먹어 치우고는 사례를 하려 했으나 소녀는 집에 음식이 많으니 돈은 필요 없다고 했습니다.

오랜 시간이 지나고 소녀는 결혼했습니다. 그런데 갑자기 병이 찾아왔고, 거금을 들여 수술해도 차도가 없었습니다. 안절부절 시간만 보내던 중에 어떤 사람이 훌륭한 의사가 있다며 병원을 소개해 주었습니다. 과연 그 의사에게 수술을 받고 나니 그녀는 거의 완치되기에 이르렀습니다. 병이 나아 기쁘기는 했지만, 이전에 워낙 많은 병원비를 써 돈이 없는 터라 거액의 수술비를 지불하려니 눈앞이 캄캄했습니다. 조마조마한 마음으로 청구서를 본 그녀는 깜짝 놀랐습니다.

"빵 몇 조각, 물 한 잔. 그것으로 당신의 치료비는 충분합니다."

그 의사는 바로 옛날에 그녀가 도와준 대학생이었던 것입니다.

맹자는 이렇게 말했습니다.

"다른 사람을 사랑하는 사람은 다른 사람의 사랑을 받는다. 다른 사람을 존중하면 다른 사람의 존중을 받는다."

인생이란 산골짜기의 메아리와 같습니다. 당신이 보낸 만큼 되돌아옵니다. 당신이 심은 만큼 거둘 수 있습니다. 당신이 준 만큼 얻을 수 있습니다. 인과응보의 이치는 조금도 틀림이 없어서 준 만큼 받게 되어 있습니다. 단지 빠르냐 늦느냐의 차이만 있을 뿐입니다.

베풀수록 더욱
부유해집니다

많은 사람이 업業을 잘 이해하지 못합니다. 부자가 되려면 보시해야 하는데 빼앗으려고만 합니다. 장수하려면 방생해야 하는데 장수하기 위해 살생을 합니다. 목적과는 정반대로 하는 것입니다. 그렇게 고통을 피하려 하지만 고통은 하나둘 끊임없이 다가옵니다. 행복을 원하지만 행복을 원수처럼 죽여 버립니다.

옛날 인도에 선시善施라는 굉장한 부자가 있었습니다. 사람들은 그를 '급고독장자給孤獨長者'라 부르길 좋아했습니다. 그는 천성이 자비롭고 보시하는 것을 좋아해 일생 동안 일곱 차례나 외롭고 쓸쓸한 사람들에게 전 재산을 나누어 주었습니다. 그래서 사람들은 고독한 사람한테 나누어 준다는 의미로 '급고독'이라는 아름다운 이름을 그에게 붙여 준 것입니다. 후에 그는 석가모니부처님을 위한 정사精舍를 만들기 위해 정원을 구입하고 바닥을 금으로 깔았습니다. 자선과 보시를 할수록 그의 재산은 늘어나 결국에는 당대 최고의 갑부가 되었습니다.

고대 중국에도 이런 사람이 있었습니다. 춘추전국시대의 범여范蠡라는 사람은 월나라 왕 구천勾踐의 충신으로, 관직에서 물러난 후 태호에서 배를 몰며 장사를 했습니다. 그는 사업에 뛰어난 소질을 발휘하여 몇 년도 안 되어 나라 전체 재산에 버금가는 재산을 모았습니다. 그는 일생 동안 세 차례나 전 재산을 백성들에게 나누어 주었지만, 돈을 나누어 주고 몇 년 안 되어 다시 거액의 재산을 모을 수 있었습니다. 그가 죽은 후 사람들은 그를 '재신財神'이라 추앙했습니다. 그도 역시 나누어 줌으로써 다시 이룰 수 있었던 것입니다.

요즘 세상은 어떠한가요? 우리가 아는 세계 최고 갑부 중 한 명은 마이크로소프트사의 빌 게이츠 회장입니다. 그는 최고 부자일 뿐 아니라 세계 최고의 자선사업가입니다. 그가 매년 기부하는 총액은 2조 원에 이릅니다. 몇 년 전에는 사후 모든 재산을 자식에게 물려주지 않고 자선단체에 기부하겠다고 발표도 했었지요.

범위를 약간 줄여 우리 아시아를 볼까요? 아시아 최고의 갑부로 불리는 리자청李嘉誠도 빈곤 가정과 교육 등을 위해 거액을 기부하고 있습니다. 그가 총 재산 중 삼 분의 일을 자선 사업에 기부했다는 뉴스도 있습니다.

그런데 사실 부처님은 일찍이 우리에게 부자가 되는 원인이 무엇인지 명백히 알려 주셨습니다. 그 비결은 다름이 아닌 '보시'입니다. 베풀고 또 베풀어야 얻을 수 있습니다. 아무것도 주지 않는다면, 아무것도 얻을 수 없습니다.

자선은 돈이 아니라 마음

'자선'이라고 하면 대부분 돈을 기부하는 것을 우선 떠올립니다. 많은 이들은 자선이 돈 있는 자들의 허세이며 일반 서민들과는 거리가 먼 것이라고 생각합니다. 그래서 자선 사업에는 나 몰라라 무관심합니다.

요즘은 부자들마저 자선에 관심이 없는 것같습니다. '중화자선총회'의 한 통계가 그것을 증명해 줍니다. 중국 전체 부의 80퍼센트 이상을 차지하고 있는 부자들 중 자선 사업에 참여하는 비율은 15퍼센트도 되지 않습니다. 중국이 세계에서 가장 큰 사치품 소비 시장인 것을 감안하면 매우 슬픈 현실입니다.

그러나 친절한 마음을 가진 사람은 누구나 베풀 수 있습니다. 누군가가 행복하기를 바라는 것도 일종의 자선입니다.

부처님은 『열반경涅槃經』에서 "어떤 생명도 해하려는 마음을 내지 않고, 그 생명의 행복을 바란다면 그것이 자선이다."라고 말씀하셨습니다. 유감스럽게도 요즘 많은 사람에게는 이러한 자선 의식이 없는 것같습니다. 자신을 위해 흥청망청 돈을 쓰는 한이 있어도, 생존의 희망이 점점 사라져 가는 가난한 사람들에게 나누어 주려고는 하지 않습니다. 두려움과 절망 속에서 살아가는 사람에게는 사랑과 보호가 가장 필요한 자선입니다.

그럼에도 불구하고 감정적으로나 심적으로 다른 이를 돕는 것이 너무 어렵다면 적은 액수의 돈이라도 큰 도움이 됩니다. 부자가 아닐지라도 먹고 입는 것에서 한 푼을 아낀다면 빈곤 지역의 아이들이 학교에 갈 수 있도록 충분히 도울 수 있습니다. 그렇게 하면 아이들 일생의 운명이 바뀌게 될 것입니다.

희망을 주는 자선, 베풂은 지금 바로 시작할 수 있습니다. 돈이 있는 사람은 물질적으로 지원을 해도 좋고, 돈이 없는 사람은 미소나 한마디 진심 어린 축복의 말로 사랑을 표현할 수 있습니다. 한마디 인사만으로도 다른 사람의 삶에 진정한 변화를 가져올 수 있습니다.

피로움이야말로

인
생
이
다

9장

/

켄포
소달지와의
대화

우리가 불법을 배우는 것을
분명 누군가는 잘 이해하지 못할 것입니다.
그러나 우리가 불법을 배우며 무엇을 깨달은 후
이를 통해 변화하는 것을 본다면
그들도 결국 받아들일 것입니다.

켄포 소달지는 다년간 여러 장소에서 대중을 위해 불법을 전했고 또 시간을 내어 현장에서 질문을 받고 답을 했습니다. 그중에서 자주 받았던 질문을 발췌하여 여기에 수록합니다.

애정

○

저는 사랑의 좌절을 겪었는데 지금까지도 괴롭습니다. 어떻게 벗어나야 할까요?

티베트 지역의 많은 젊은이는 신앙이 있고 무상의 이치를 잘 알기 때문에 사랑의 문제를 겪을 때 보통은 그다지 크게 고통스러워하지 않습니다. 그러나 한족 지역 사람들은 그렇지 않은 것 같습니다.

사실 우리가 말하는 낭만적인 사랑은 종종 소유를 바탕으로 합니다. 상대방이 자기에게 잘해 주지 않거나 혹은 변심하거나, 더는 상대를 소유할 수 없을 때 우리는 아주 고통스러워합니다. 그러나 상대방에 대한 사랑이 조건 없는 사랑이라면, 상대의 안녕이 당신의 행복일 것입니다. 둘이 함께하든 함께하지 못하든 충격이나 상처를 받지 않을 것입니다. 따라서 자신의 사랑이 '나'를 사랑하는 것인지 아니면 상대방을 사랑하는 것인지 잘 살펴봐야 합니다.

사랑은 젊은이들이 지나기 어려운 난관이지만 십 년, 이십 년이 지나 인생을 되돌아보면 웃어넘길 것입니다. 지금 여러분이 사랑에 집착하는 것은 어린아이가 장난감에 집착하는 것과 비슷합니다. 어린아이는 누군가가 장난감을 빼앗아 가면 자지러지게 웁니다. 그러나 자란 뒤 그때의 유치했던 행동을 떠올리면 참 우습다는 생각이 들 것입니다.

많은 젊은이가 사랑의 미망에 빠져 스스로 벗어나지 못하니 정말 안타깝습니다. 시간이 지나고 인생 경험을 더 하게 되면 '그건 별일 아니었구나'라고 생각하며 단지 어떤 시기의 순간적인 미혹이었음을 알게 될 것입니다. 좀 더 성숙해지거나 올바른 신앙을 갖게 되면 이런 집착은 점점 줄어들 것이고, 그 때문에 더 이상 괴롭지도 않을 것입니다.

○

저는 불교를 믿으며 애정은 무상하다고 생각해 연애에 별 관심이 없습니다. 그런데도 어쨌든 결혼은 해야 할까요? 결혼은 꼭 애정이 있어야 하나요?

결혼을 할지 말지는 자기가 결정해야 합니다. 출가인인 제가 결정하는 것은 맞지 않는 것같습니다. (웃음)

결혼이든 사랑이든 처음에는 어떤 특별한 느낌이 있으니 대다수 젊은이가 그토록 갈망하고, 그것을 행복으로 가는 계단이라 생각합니다. 그러나 불교의 입장에서 보면, 결혼은 자유라는 열쇠를 상대방에게 주는 것입니다. 그때부터 당신은 자유 없는 공간에 갇히게 됩니다.

물론, 세상에는 다른 해석 방법도 있습니다. 그 방법에 대해서는 특히 노인분들이 많은 경험을 갖고 계시니 그들의 답변을 들어도 좋겠습니다.

인과응보

○

어떤 사람은 살면서 좋은 일을 많이 하는데 그에 상응하는 선한 과보를 얻지 못하고, 또 어떤 사람은 나쁜 일을 많이 하는데 악한 과보를 받지 않는 경우를 봅니다. 그래서 많은 사람이 "선행에는 선한 과보가 있고, 악행에는 악한 과보가 있다."라는 말은 단지 마음의 위로를 위한 상투적 표현일 뿐이라고 생각합니다. 인과응보는 정말 존재합니까?

인과응보는 확실히 존재합니다. 저는 이를 믿어 의심치 않습니다.

하지만 왜 선을 행했는데 좋은 과보를 얻지 못하고, 악행을 했는데 악한 과보를 받지 않을까요? 어떤 업을 짓든 그 과보가 바로 성숙하는 것이 아니기 때문입니다. 가난한 농부는 이전에 아무런 작물을 심지 않았기 때문에 아주 빈곤합니다. 하지만 지금부터 열심히 농사를 지으면 나중에는 가난하지 않을 것입니다. 그러나 가을이 되어 수확하기 전까지 그의 삶은 여전히 바뀌지 않습니다. 그렇다고 해서 농사를 짓는 것이 아무 소용 없다고 말할 수는 없습니다.

경전에서도 우리가 지은 업이 성숙하려면 일정한 시간이 필요하다고 말합니다. 어떤 업력의 과보는 이번 생에 나타나고, 어떤 업력은 그 과보를 다음 생에 받습니다. 또 어떤 업력의 과보는 몇 생이 지나 나타납니다. 그래서 인과응보는 그렇게 간단하지 않고 아주 복잡한 개념입니다. 체계적으로 배워야 통달할 수 있습니다.

물론 그런 질문과 같은 의문이 생길 수 있습니다. 탐구하고 질문하는 것은 좋습니다.

○

많은 사람이 인생의 끝자락에서야 본인의 인생을 돌아보고 후회합니다. 그렇다면 이번 생에서 우리의 가장 중요한 임무는 무엇입니까? 어떻게 사는 것이 진정 의미 있는 삶입니까?

그렇습니다. 보통 사람뿐만 아니라 역사적으로 유명한 인물들도 임종할 때에서야 살면서 많은 잘못을 했음을 깨닫습니다. 삶의 긴 여정 중, 어떤 사람은 자신의 잘못을 적시에 반성하고 또 어떤 사람은 전혀 반성하지 않습니다. 누구든 정말로 자신을 책임지고 싶다면, 생명을 소중히 하는 법을 배워야 합니다.

생명을 소중히 하는 방법은 여러 가지가 있습니다. 최선의 방법은, 자기 일생을 모든 중생이 행복하게 하는 데 쓰는 것입니다. 차선의 방법은, 자신을 위해 선을 행하고 공덕을 쌓는 것입니다. 그 다음 방법은, 남을 해하는 일을 하지 않는 것입니다. 모든 생명은 똑같이 소중하기 때문입니다. 이러한 방식으로 전에 지은 많은 죄업을 만회할 수 있습니다. 물론, 죄업들은 불교의 참회를 통해서도 없앨 수 있습니다.

○

인생은 도대체 누가 결정합니까? 왜 어떤 사람의 인생은 즐겁고, 어떤 사람은 고통스럽고 힘듭니까?

어떤 종교에서는 인생의 고락은 하느님이 하사하는 것이라 합니다. 하지만 불교의 관점에 따르면 인생의 주인은 바로 자신입니다. 다른 누가 지배하는 것이 아닙니다. 그렇지 않고 정말로 조물주가 있어서 조물주가 누구를 즐겁게 만들면 그가 즐겁고, 조물주가 누구를 고통스럽게 만들자 그가 고통스럽다면 이는 아주 불공평합니다. 나는 나쁜 일을 전혀 하지 않았는데 조물주가 이유 없이 나를 고통스럽게 하고, 나는 아무런 좋은 일을 하지 않았는데 조물주가 나를 즐겁게 한다면 조물주는 모두에게 원망을 받을 것입니다.

사실 인생이 즐거운 까닭은 과거에 선한 일을 많이 했기 때문이고, 인생이 고통스러운 까닭은 이전에 악업을 많이 지어서입니다. 이렇게 말하면 아마 젊은이들이 받아들이기 어렵겠지만 이것은 우리 개개인에게 있어 아주 중요한 관점입니다. 독의 씨앗을 뿌리면 맺히는 열매는 독성을 띱니다. 마찬가지로, 악업을 지으면 미래에 고통의 열매만 맺게 되고 즐거움의 열매는 맺을 수 없습니다. 콩 심은 데 콩 나고, 팥 심은 데 팥 납니다. 이는 영원히 변하지 않는 진리입니다. 그러므로 이번 생도 즐겁고, 다음 생도 즐겁고 생생세세 즐겁기를 원한다면 살생 등 모든 악업을 최대한 짓지 말아야 합니다.

티베트 불교의 고승대덕 직메 링빠Jigme Lingpa는 인과응보에 대해 아주 좋은 비유를 했습니다.

"새가 하늘을 날 때는 그것의 그림자를 볼 수 없지만, 새가 땅에 내려오면 그림자가 바로 나타난다. 이처럼 우리가 업을 지으면 보이지 않는 그 업력은 계속 우리를 따라다니며, 인연이 성숙하기만 하면 고통이나 즐거움으로 바로 나타난다."

인연을 따른다

○

인연을 따른다는 것은 무엇입니까? 학업이나 사업의 측면에서 본다면 어떻게 이해해야 합니까?

선종에서는 항상 '인연을 따른다'라 말하고 세상 사람들도 항상 그 말을 합니다. 하지만 많은 사람이 인연에 따른다는 말 뜻을 '아무것도 할 필요 없이 운명이 모든 걸 결정할 동안 기다리는 것'이라고 오해합니다. 이러면 우리는 많은 기회를 놓치게 됩니다. 진정으로 인연을 따르는 것은 전심전력으로 노력한 후 그 결과에 대해서는 크게 개의치 않는 것입니다.

예를 들어, 아주 마음에 드는 일자리를 얻고 싶어 열심히 노력했는데 채용되지 않았습니다. 이때 '인연을 따른다'의 의미에 대해 잘 알면 실패를 크게 고통스러워하지 않을 것입니다. 애정에 대해서도 이런 태도를 갖는 게 좋습니다. 처음의 기대만큼 좋은 결과를 얻지 못하더라도, 크게 슬퍼하거나 절망하고 싶지어 자살까지 생각할 필요가 없습니다.

세상 모든 일이 뜻대로 순조롭게 풀리지는 않습니다. 성공의 뒤에는 복잡한 인연이 얽혀 있습니다. 학교 교과서에서는 가르쳐 주지 않지만 불교의 『구사론』, 『백업경』을 공부하면 평생의 성공과 실패는 이번 생뿐만 아니라 전세와도 관련 있음을 알게 됩니다. 이 이치를 잘 알면 열심히 노력한 뒤 마음을 열고, 집착을 내려놓고 담담히 일체를 대하기가 쉽습니다. 이것이 바로 적극적으로 인연을 따르는 것입니다.

○

저는 종종 주변 사람이 곤란을 겪을 때 제불보살께 기도하라고 권합니다. 그러면 그들은 코웃음 치며 이렇게 말합니다.

"나중에 일이 잘 풀리면 당신들은 불보살의 가피 때문이라고 하고, 잘 안 되면 모두 나의 업력 때문이라고 한다. 당신네 불교는 바로 이렇다. 결과가 어떻든 편리하게 설명한다."

이럴 경우 제가 어떻게 반박해야 할지 모르겠습니다.

사실 반박하기 간단합니다. 어떤 사람이 범죄를 저질렀을 때 그의 가족은 인맥을 동원해 도움을 줄 수 있는 지위 높은 사람을 찾습니다. 그가 석방되면 지위 높은 사람의 공로라고 말합니다. 그래도 석방시키지 못한다면 분명 죄가 너무 커서 그렇다고 생각할 것입니다. 불보살의 가피도 이와 같습니다.

부처님도 경전에서 유달리 인연이 닿지 않는 일부 중생은 부
처님의 묘한 손으로도 구제할 수 없다고 했습니다. 그러니 이는
불교의 잘못이 아닙니다.

불교의 이치

○

종교 신앙과 미신에는 어떤 차이가 있습니까?

기독교나 도교, 유교 혹은 불교 어떤 종교를 믿든 그 종교의 이치를 모르고 표면적인 형식에만 치우치면 미신이 되기 쉽습니다. 예를 들어, 어떤 사람은 출세하고 부자가 되기 위해 절에 가서 향을 피우고 예불합니다. 이것도 일종의 신앙이라 할 수 있지만 이렇게 하는 의미가 무엇인지, 부처님과 신 사이에 어떤 차이가 있는지 모른다면 부처님을 부를 추구하는 도구로 삼는 것일 뿐이며, 그리하면 그것은 미신입니다.

지금 많은 절에서 매일 예불하는 사람들을 볼 수 있는데, 그 사람들 모두가 그렇다고 말할 수는 없지만, 그중 어떤 사람은 확실히 미신의 색채가 강합니다. 왜 그럴까요? 그들은 자기가 왜 예불하는지조차 잘 모르기 때문입니다.

진정으로 불교를 믿는다는 것은 자신의 지혜를 통해 선배 고승대덕의 글과 책을 읽고, 석가모니부처님이 이 세상에 온 적이 있다는 것을 알게 되고, 그의 말씀은 진리와 부합하며 자신과 타인의 고통을 해소하고 인생의 문제를 해결하는 데 아주 뛰어난 효과가 있다는 점을 아는 것입니다. 그런 후 마음속 깊이 진실로 믿고 의심이 없다면 이것이 진정한 신앙입니다. 반대로 단지 표면적으로만 불교를 믿고 실제로는 불교의 이치를 잘 모르면, 본인은 자신을 불교도라 해도 여전히 미신입니다.

향을 피우며 예불하는 것이 진정으로 불교를 믿는 것은 아닙니다. 만약 그 공덕을 잘 모르면 그것은 단지 표면적인 숭배일 뿐입니다. 어떤 사람은 물고기를 잡게 해 달라고 기도합니다. 제가 일전에 남방 지역에 갔을 때 많은 어부가 바다로 고기를 잡으러 가기 전에 절에 가 향을 피우며 부처님께 고기를 많이 잡게 해 달라고 기도하는 것을 보았는데 이런 행동은 미신입니다.

근대 정치가인 양계초梁啓超는 미신과 올바른 신앙의 차이에 관해 설명하면서 불교의 신앙은 원래 지혜에 대한 신앙이며 미신이 아니라고 했습니다. 그러나 불교의 이치를 잘 모르면 지혜에 대한 신앙이 아닌 미신이 될 가능성이 높습니다.

○

불법은 망망대해처럼 넓고 끝이 없는데, 켄포께서 불법의 핵심을 세 글자로 요약해 주실 수 있나요?

계戒, 정定, 혜慧!

○

불교에는 누가 어떤 계율을 어기면 몇 겁劫 동안 벌을 받는다는 규정이 있는데 이를 어떻게 이해해야 합니까?

불교에서 계율을 만드는 까닭은 꼭 누구를 벌하기 위해서가 아닙니다. 표면적으로는 일종의 속박이지만 실제로는 우리를 해탈의 길로 가게 하는 선교방편입니다.

길에 빨간불, 파란불 신호등이 있으면 운전자는 자유롭게 운전할 수 없는 것처럼 보이지만 사실 신호등은 생명의 안전을 최대한 보장할 수 있습니다. 불교의 계율도 이와 같습니다. 강제적으로 선을 행하고 악업을 없애도록 규정함으로써 중생이 순조롭게 해탈을 이루고 피안에 도달하게 합니다.

○

티베트 불교의 정토법문과 한족 지역에서 아미타불을 염송해 극락왕생하는 정토법문 사이에는 어떤 차이가 있나요?

궁극적인 측면에서 둘의 목표는 완전히 같습니다. 길은 달라도 도착하는 곳은 같다고 할 수 있습니다.

티베트 불교의 정토법문은 주로 보리심을 내고, 부처님 명호를 외우고, 자량을 쌓아 마지막에 극락세계에 왕생하는 것입니다. 하지만 극락왕생할 수 있는 주요 원인은 아미타불 사십팔원 四十八願 때문입니다. 이렇게 우리 자신의 노력과 아미타불의 힘을 통해 왕생할 수 있다는 것을 한족 지역의 정토법문도 강조합니다. 다만 가르침의 중점이 조금 다를 뿐입니다.

○

불교에는 육자대명주, 금강살타백자명, 일체여래심비밀전신사리보협인다라니 등 많은 진언이 있습니다. 부처님은 각 진언에 아주 큰 공덕이 있으니 수만 번을 외워야 한다고 말씀하셨습니다. 그렇다면 제가 수행할 때 어떤 진언을 선택해야 합니까?

진언에 대해 저는 어렸을 때부터 신심이 있었습니다. 그런데 요즘은 바빠 많이 염송하지 못하고 있습니다. 티베트에는 이런 속담이 있습니다. "아이가 엄마를 부를 수 있을 때부터 관세음보살 진언 '옴마니베메훔'을 염송할 줄 안다."

진언의 공덕은 부처님이 여러 경전에서 설명하셨습니다. 어떤 진언을 선택할지에 대해서는 아래 두 가지 사항을 고려해 보세요.

첫째, 진언은 당신의 스승이나 당신의 수행법과 밀접한 관계가 있으니 그에 따라 염송해야 합니다. 둘째, 자신의 상황에 따라 선택하면 됩니다. 예를 들어, 지은 업이 많고 업력이 무겁다고 생각하면 백자명과 금강살타 진언을 염송하는 것이 좋습니다. 현명해지는 지혜를 구하고 중생을 이롭게 하고자 한다면 문수보살 진언을 염송하는 것이 좋습니다. 일체의 거스르는 연을 없애려면 파드마삼바바 진언을 외우는 등 본인이 자신에게 가장 중요하다고 생각하는 진언을 선택해 염송하면 됩니다.

진언 염송하는 모습을 보면 티베트 지역과 다른 지역이 확실히 다릅니다. 얼마 전 불학원의 노스님이 입적했는데 그는 평생 진언을 육억 번 외웠습니다. 저의 스승 직메 푼촉 린포체는 입적하기 전에 평생 외운 진언을 계산했는데 어떤 진언은 '아' 또는 '훔' 등 한두 글자였고, 어떤 진언은 백 글자 이상으로 이렇게 긴 진언과 짧은 진언을 모두 합쳐 구억 번 염송했습니다. 스승님은 일흔두 살에 입적했는데 평생 염주를 들고 계속 염송하셨습니다.

통상적으로 티베트 지역의 수행자는 언제 어디서든 염주를 손에서 놓지 않습니다. 차를 타든, 소를 방목하든, 농사를 짓든 말입니다. 상사의 눈치를 보느라 편히 그럴 수 없던 지식인이나 관공서의 공무원들도 요즘에는 조그만 계수기를 들고 염송합니다. 상사가 잘 알지 못하죠.

진언 염송으로 얻는 장기적인 공덕은 차치하고 일시적 이익만 언급한다면, 염송은 분별심과 고통을 없애고 마음을 청정한 상태에 머무르게 할 수 있습니다.

○

저는 독일 만하임대학교에서 가르치고 있습니다. 티베트 불교가 서양에서 특히 인기가 있는데 독일의 경우 1980년대에 많이 전파되었습니다. 이렇게 쉽게 사람들이 받아들이게 된 요인은 무엇일까요?

그렇습니다. 티베트 불교는 지금 독일, 영국 등 서양 국가에서 확실히 인기가 있습니다. 주요 원인은 티베트 불교 가르침의 실용성에 있습니다. 이론적으로만 머물러 있지 않고 또 학술적이나 추상적이지 않습니다. 고승대덕의 비결을 통한 보리심 수행이나 족첸 수행법 등 번뇌를 없애는 많은 실용적인 방법을 제시합니다. 또 간단하면서도 실천하기 쉬워 전파가 비교적 빨랐습니다.

전에 보니 미국 보스턴 한곳에만 티베트 불교 센터가 삼십 여곳 있었습니다. 티베트 불교의 청정한 전승과 수승한 비결, 간단한 의궤, 거기에 불법을 듣고 사유하며 이 이치에 따라 실천하는 것을 특히 중시하는 점 등이 사람들에게 쉽게 다가가는 것 같습니다.

이에 비해 요즘 많은 곳의 불교는 완전히 형식적으로 되어 버렸습니다. 사람들이 자주 저에게 묻습니다. "절하는 것이 불교입니까? 향을 피우고 예불하는 것이 불교입니까?" 저는 그런 것들은 단지 불교의 형식 중 하나이며 진정한 가르침은 아니라고 말합니다. 불교의 진정한 가르침은 무엇일까요? 보리심 등을 수행하는 것입니다. 불법을 배우는 것은 마음으로 하는 것입니다. 표면적으로 신도증을 만든다고 불교도가 되는 것이 아니며, 형식적으로 승복을 입고 머리를 삭발한다고 해서 출가인이 되는 것이 아닙니다.

사람들은 바보가 아닙니다. 실제로 도움이 되니 티베트 불교를 계속 배우는 것입니다. 한족 지역의 대학생들이 불법을 배우는 이유는 불법이 그들에게 진정 이롭다는 것을 알기 때문입니다. 불법을 배우는 것이 단지 옛날이야기 듣는 것만 같고 조금도 이익이 되지 않는다면 누구도 배우지 않을 것입니다.

우리 인간은 번뇌와 고통을 피하기 어렵습니다. 티베트 불교의 여러 수행법이 번뇌와 고통의 삶에 도움이 된다면 누구도 거절하지 않을 것입니다. 누구도 병을 치료할 수 있는 영험한 묘약을 거절하지 않는 것과 같습니다.

○

요즘과 같이 경제가 가장 중요하다고 여기는 사회에서 환경보호와 과소비 간의 대립·갈등을 어떻게 보십니까?

이 문제에 대해 저도 생각해 본 적이 있습니다. 지금 사회는 생활 리듬이 점점 빨라지고 업무 스트레스도 많아지고 있습니다. 이와 동시에 소비도 점점 늘어납니다. 이런 상황에서 종종 소비와 환경보호 간에 대립하는 경우가 발생합니다.

하지만 불교는 다음과 같은 생활관을 옹호합니다.

"너무 사치하거나 돈을 물 쓰듯 하는 것을 피하고 그렇다고 극히 궁색해 거지처럼 의식주조차 힘들게 사는 것도 피해야 한다. 기본적인 생활 여건은 갖추고 이 기초에서 욕망을 줄이고 만족할 줄 알아야 한다. 본인의 욕망에 끌려가지 말고 또한 경쟁을 위해 살지 말라."

요즘 대부분의 사람은 물건을 살 때 필요 때문이 아니라 경쟁 때문에 구매합니다. 다른 사람의 집이 좋아 보이면 자기도 한 채 사야 하고, 남이 좋은 차를 갖고 있으면 자기도 좋은 차가 있어야 합니다. 그렇지 않으면 다른 사람 앞에서 고개를 들지 못합니다. 이런 삶은 아주 피곤합니다. 현실에 만족하면서 자신의 복에 따라 살아야 삶이 즐거울 것입니다. 그리하면 본인의 소비와 환경보호 간에 큰 충돌이 없을 것입니다.

이 외에도 평소 환경보호에 대한 의식이 있어야 합니다. 물과 전기를 아껴 쓰고 함부로 낭비하지 말아야 합니다. 제가 전에 싱가포르에 갔을 때, 그곳 사람들은 이를 잘 실천하고 있었습니다. 그런데 최근 홍콩에서 보니 거의 모든 빌딩의 불이 새벽 두

세 시에도 켜져 있었습니다. 그 시간에는 대부분이 잠에 들 텐데 이렇게 전기를 낭비하는 것이 안타까웠습니다. 물론, 누군가 '야근'을 하고 있을지도 모르지만요. 이 같은 문제들에 대해 깊이 사유하고 반성할 필요가 있습니다.

○

저는 불교도인데 주위 친구의 질문에 답변하지 못했습니다. 친구가 물었습니다.

"불교도는 불경을 염송하는 데 많은 시간을 보내면서 불경을 염송하면 다른 사람을 도울 수 있다고 생각한다. 그런데 왜 그런 시간을 실제로 남을 돕는 데 쓰지 않느냐? 염송이 어떻게 남을 도울 수 있으며 입으로 염송만 하면 효과가 있느냐?"

이런 질문에 제가 어떻게 답변해야 할까요?

당신은 불법을 배우고 있지만 계속 더욱 깊이 탐구하면 좋겠습니다. 그래야 비불교도의 질문에 잘 대답할 수 있습니다. 이 것은 저의 제안입니다.

질문한 친구는 아마 불법에 대해 잘 모를 것입니다. 사실, 불교는 경을 염송하면 무슨 일이든 백이면 백 모두 해결할 수 있다고 말하지 않습니다. 마치 한의사가 본인 약으로 만병을 치료할 수 있다고 말하지 않는 것처럼 말입니다. 그렇다고 이렇게 생각하면 안 됩니다.

"병을 치료할 수 없다면 왜 한의사가 되었느냐? 차라리 직접 가서 중생을 돕지 그래."

중생 각각의 병이 다르고, 한의사는 일부의 특정한 질병만 치료할 수 있다는 것을 알아야 합니다. 마찬가지로, 불교도가 많은 시간 경을 염송하면 어떤 측면에서 중생을 도울 수 있습니다.

저도 이를 깊이 느끼고 있습니다. 예를 들어, 저는 평소 병이 나거나 좋지 않은 일이 생겼을 때 급히 돈을 주고 스님들께 경을 염송해 달라고 부탁합니다. 불교를 믿지 않는 사람들은 미신이라 생각할지 모르겠지만 저는 확실한 믿음이 있습니다. 왜냐하면 경 염송 이후 많은 일이 바로 좋아졌기 때문이죠. 약이 병을 치료하는 효과가 있는 것처럼, 경을 염송하면 본인의 청정한 발심의 힘과 제불보살의 가피가 어우러져 자연스럽게 불가사의한 효과가 나타납니다.

물론, 경을 염송하는 것에 왜 이런 큰 힘이 있는지에 대해서는 불법을 깊이 배워야 알 수 있습니다.

○

동물은 생명이 있기 때문에 동물을 먹는 것은 좋지 않은 행동입니다. 그런데 식물에게도 생명이 있습니다. 식물을 먹는 것도 동물을 먹는 것처럼 좋지 않은 것 아닙니까?

부처님은 『열반경』에서 말씀하셨습니다.

"중생의 불성은 오온五蘊에 있다. 오온을 해하는 것을 살생이라 한다."

그러므로 오온으로 이루어진 생명만이 진정으로 고통을 느낍니다. 동물은 이런 생명이 있으나 식물은 비록 외부 자극에 반응하여 흔들리고 생장하고 죽더라도 오온이 없습니다.

식물과 동물은 완전히 같다고 생각하는 사람이 많은데 이런 관점은 크게 잘못되었습니다. 오랫동안 불법을 배운 사람도 정확히 모르니 참 안타깝습니다. 불교의 관점에 의하면, 풀 한 포기를 베는 것과 소 한 마리를 죽이는 것은 아주 큰 차이가 있습니다. 소를 죽이는 것은 유정한 생명을 파괴하는 것으로 아주 큰 과오입니다. 그러나 풀을 베는 것에는 살생의 과오가 없습니다.

누군가는 이렇게 말할 수 있습니다.

"불교에서는 동물을 해쳐서는 안 되고 풀도 해쳐서는 안 된다고 하지 않습니까?"

그런 표현이 있긴 하지만 동물과 식물이 완전히 같다는 의미가 아닙니다. 사람을 죽이는 것과 산림을 벌채하는 것은 법률적으로 둘 다 허용되지 않지만, 죄의 정도는 천양지차입니다.

마찬가지로, 우리가 동물을 죽이면 지옥에 떨어집니다. 그러나 한 그루의 나무를 벤다고 지옥에 떨어지지는 않습니다. 경미한 과실만 있을 뿐입니다.

그러므로 이 문제에 대해 여러분들은 명확히 알아야 합니다.

제가 줄곧 불교도는 불법을 배워야 한다고 강조하는 이유가 여기에 있습니다. "내가 고기를 먹는 것은 잘못이야, 야채를 먹는 것도 잘못이야."라고 생각하는 사람들이 많은데 이는 잘못의 경중을 구분하지 않은 것입니다. 금을 훔치는 것도 잘못이고 바늘을 훔치는 것도 잘못이라고 모든 문제를 일률적으로 말한다면 이는 합리적이지 않습니다.

○

어째서『반야심경』을 외우면 거스르는 연을 없앨 수 있나요?

『반야심경』이 전하는 바는 공성空性의 핵심입니다. 우리가 공포, 재난, 거스르는 연을 겪게 되는 근본 원인은 '아我'와 '법法'에 대한 집착 때문입니다. 만약 무아와 공성을 깨닫고 인아집과 법아집을 끊어 없애면 일체의 마장魔障이 날뛸 여지가 없게 됩니다.

『반야심경』에서 말하는 것은 가장 수승한 공성의 이치이며, 공성의 위력과『반야심경』의 가피력이 더해져 일체의 거스르는 연을 남김없이 없앨 수 있습니다.

○

보통 사람으로서 어떻게 세간법과 출세간의 불법을 조화시킬 수 있을까요?

엄격히 말하면, 세간법과 출세간법은 모순되는 부분이 많습니다. 좋은 수행자가 되기 위해서는 세간의 많은 것들을 간파해야 합니다.

그렇게 엄격하지 않다면, 재가 수행자들도 불법과 일상생활을 결합할 수 있습니다. 예를 들어 매일 진언을 염송하고 관상觀想 수행을 최대한 하겠다는 수행의 목표를 세웁니다. 동시에, 누구를 만나든 어떤 상황에 있든 모두 자비심으로 대합니다. 설령 순탄하지 않은 일을 겪을 때도 불교의 가르침으로 자기를 일깨우며 강하게 집착하지 않습니다. 이렇게 하면 둘을 어느 정도 융합시킬 수 있습니다.

현재도 세간법과 출세간법을 결합하는 데 최선을 다하고 있는 뛰어난 수행자들이 있습니다. 그들은 한편으로 자신의 수행을 잘하며, 또 한편으로는 불교의 자비심에 대한 가르침을 통해 사회와 인류에 큰 공헌을 합니다.

○

불법에 '공성'이라는 개념이 있는데, 현대는 고대와 비교해 큰 변화가 있습니다. 지금 시대에 공성에 대한 이해를 어떻게 키울 수 있을까요?

어떤 시대이든 공성의 이치는 영향을 받지 않습니다.

공성의 이치를 깊이 배우려면, 용수보살의 『중관론中觀論』, 찬드라키르티의 『입중론入中論』, 아리아데바의 『사백론』을 공부할 것을 추천합니다. 이 세 개의 논전을 공부하고 나면 만법이 모두 공이라는 것에 어느 정도 이해가 생길 것입니다. 이런 이해가 있다면 현실 생활에도 많은 도움이 됩니다.

현대 사람들은 너무 바쁘다고 저는 종종 생각합니다. 공성의 이치에 대해 어느 정도 이해하게 되면 어떤 좌절을 당하더라도 절망으로 발버둥 치지 않을 것입니다. 그러니 여러분도 가피력이 아주 큰 공성의 이치를 배우기 바랍니다!

○

범부로서 우리는 전세, 후세를 볼 수 없고 천당, 지옥을 볼 수 없습니다. 그런 것들이 실제로 존재하는지 어떻게 알 수 있나요? 어떻게 해야 인과에 대해 진정한 믿음을 가질 수 있나요?

그런 관점을 갖기가 쉽지는 않습니다. 천당, 지옥뿐만 아니라 태양계, 은하계, 블랙홀 등도 우리 육안으로 볼 수 없습니다. 하지만 육안으로 볼 수 없는 우주의 신비들을 천문학자들의 발견과 이론적 근거로 알 수 있습니다. 불교에서 말하는 일부 내용도 육안으로 볼 수 없지만 부처님의 가르침을 통해 이해할 수 있습니다.

이전에 스티븐 호킹 박사가 베이징에 강연하러 온 적이 있는데, 그의 이론이 너무 난해해 칭화대학교, 베이징대학교 학생들도 이해하지 못하고 심지어 강연 중간에 떠나는 사람도 있었습니다. 그가 설명하기로 우주는 삼차원 공간이 아니며 십일 차원까지 있다고 합니다. 우리가 육안으로 볼 수 없는 신비의 영역이 많이 존재함을 알 수 있습니다.

불교의 인명학에서 말하는 것처럼, 우리가 눈으로 볼 수 없다고 해서 존재하지 않는 것이 아닙니다. 설령 눈으로 보지 못하더라도 추론으로 그 존재를 알 수 있습니다.

○

관광지로 유명한 어떤 사찰에서 『반야심경』이 인쇄된 티셔츠를 팔던데 이런 옷을 입어도 됩니까?

추천하지 않습니다. 옷은 몸을 가리거나 따뜻하게 하는 것입니다. 하지만 불보살과 경문은 공경해야 합니다. 부처님이 말씀하셨습니다.

"말법 시대, 문자는 나의 화신이다. 문자는 나와 같다고 여기고 공경하라."

인과응보를 잘 모르는 사람만이 감히 『반야심경』이 인쇄된 옷을 입을 수 있습니다.

요새 그런 현상이 보편적인데 많은 제조업자가 돈을 벌기 위해서, 보호받고 싶은 현대인들의 심리를 이용해 불보살상이나 『반야심경』 등을 공예품이나 옷으로 만들어 팝니다. 이전에 누가 『반야심경』이 인쇄된 컵과 필통을 공양했는데 저는 감히 사용할 수 없습니다. 어떻게 처리해야 할지 모르겠네요.

이런 유행이 계속되면 나중에는 『반야심경』을 속옷에 인쇄할지도 모르겠군요!

○

그런데 그런 옷을 입고 다니면, 거리에서 옷에 인쇄된 경문을 본 사람들에게 선근을 심을 수 있을 것같은데요.

선근을 심는 다른 방법이 많습니다. 그 옷을 입음으로 생기는 이익보다 안 좋은 점이 더 많습니다. 게다가 그런 옷을 입는 이유가 순전히 남을 이롭게 하기 위해서라고 말하기는 어렵습니다.

출가

○

출가인은 술을 마셔도 안 되고 고기를 먹어서도 안 되는데 왜 제공활불济公活佛**은 "술과 고기가 장**腸**을 지나가도, 부처님은 마음 속에 있다."라고 말했나요?**

그 구절 뒤에 제공활불은 이어서 말했습니다.

"만약 세상 사람들이 나를 배운다면, 마도魔道로 들어가는 것과 같다."

제공활불은 역사적으로 인정받는 성취자입니다. 술과 고기가 장을 지나가도 그는 부처님을 마음에 지킬 수 있었습니다. 그는 다른 고승대덕처럼 수행의 경지가 아주 높았고 그에게는 고기와 야채, 술과 물이 아무런 차이가 없었습니다. 고대 인도에 대성취자가 있었는데 술을 마시면 술이 물로 변해 손끝으로 나왔습니다. 마찬가지로 제공활불도 그 같은 비범한 경지에 이르렀으므로 술을 마시고 고기를 먹는 것이 아무런 장애가 되지 않았습니다. 그러나 우리 같은 보통의 출가인 또는 수행자는 절대 맹목적으로 그를 따라 하면 안 됩니다.

많은 영화와 텔레비전 작품에서 이를 잘못 이해해 본래 의도와는 다르게 사용합니다. 제공활불이 한 말의 앞부분만을 가져다가 사용하며 술을 마시고 고기를 먹어도 된다고 합리화합니다. 심지어 불법을 전혀 모르는 지도자들이 술 마실 때 이 말을 입버릇처럼 사용합니다. 티베트의 한 친구는 매일 고주망태가 되도록 술을 마십니다. 누가 말리면 그는 항상 이 표현을 쓰며 얼버무립니다. 사실 그가 술에 취해 인사불성이 되었을 때 마음에 남는 것은 '부처님'이 아니라 '술과 고기'일 것입니다.

그러므로 출가인이든 재가인이든 자신의 경지를 너무 과하게 평가하지 마세요. 제공활불과 같은 높은 경지에 이르지 않았다면 절대 이런 표현을 핑계로 악업을 짓지 마세요.

역경

○

켄포께서는 심리학은 행복해지는 법을 가르치는 학문이라고 말씀하셨는데, 저는 심리학을 전공하고 있습니다. 그런데 저는 전혀 행복하지 않습니다. 이십여 년 동안 저의 삶은 줄곧 힘들었습니다. 어렸을 때 가정에 큰 변고가 있었으며 중학교, 고등학교 때 많은 시련을 겪고 대학에 들어왔습니다. 지금 삼 학년인데, 대학 다니는 동안 연애를 정말 해 보고 싶었습니다. 지금까지 다섯 명의 여학생에게 고백했는데 모두 저를 거절했습니다.

이런 것들을 '시련'이라 할 수 있는지 모르겠지만 그렇다고 제가 자살하고 싶다거나 자살을 시도한 적은 없었습니다. 그냥 인내하며 견뎠습니다. 그러나 마음은 늘 기쁘지 않습니다. 제가 가장 혼란스러운 것은 내가 왜 이 세상에 왔는지 모르겠다는 것입니다. 설마 이런 시련을 겪기 위해서? 단지 고통받기 위해서 왔단 말인가요?

불교의 설명에 따르면 이는 분명 저의 인과응보입니다. 이번

생에 이렇게 많은 시련을 겪는 것은 전세에 지은 악업이 많아서입니다. 그러면 제가 어떻게 해야 이번 생에 좋은 과보를 받을 수 있을까요?

학생이 방금 심리학이 행복을 가져다주지 않는다고 했는데 칼 융의 심리학이나 불교에서 마음을 탐구하는 법을 공부하면 점차 행복을 찾을 것입니다. 어려서부터 지금까지 빈번하게 안 좋은 일이 많았다고 했는데 방금 들어 보니 일부는 그렇게까지 나쁜 일은 아닌 것같네요. 단지 시련의 긍정적인 부분을 간과한 것같습니다.

방금 학생이 말한 것처럼 이번 생에 경험하는 모든 일은 전세의 업력과 관련이 있습니다. 어떤 경우 전세의 업력 때문에 이번 생의 노력이 수포로 돌아갈 수도 있습니다. 예를 들어 어떤 사람은 평소 성적이 좋다가 마지막 시험에서 실패합니다. 어떤 사람은 인격이 좋은데 사람들로부터 종종 오해를 받습니다. 어떤 사람은 인간관계가 폭넓은데 사업에 성공하지 못합니다. 업력은 거대한 그물과 같습니다. 광활하고 끝이 없으며 두루두루 미칩니다. 인과응보의 이치를 잘 이해하고 시련을 겪을 때 잘 참회해야 합니다. 그래야 전세에 지은 악업을 제거할 수 있습니다.

물론 순조롭고 순조롭지 않은 것이 불변하는 것은 아닙니다. 그러나 마음가짐을 잘하면 순조롭지 않은 일도 순조롭게 바뀔 수 있습니다. 마음가짐이 옳지 않으면 순조로운 일도 순조롭지 않게 될 수 있습니다. 예를 들어, 어떤 사람은 어릴 때 많은 시련을 겪어 힘든 삶을 사는 것처럼 보이지만 이를 통해 마음이 더 강해질 수 있습니다. 어떤 사람은 어릴 때 왕자, 공주가 되어 원하는 것은 무엇이든 갖고 아무 걱정 없이 자라는 듯 보이지만, 커서 사회에 나가면 너무 나약해 조그만 불편도 참지 못합니다.

그러므로 우리가 살면서 겪는 고난이 꼭 좋지 않은 것만은 아닙니다. 시련을 발전할 수 있는 기회로 여긴다면 인생은 더 가치 있을 것이고 미래도 더 밝아질 것입니다.

○

저는 전에 불교에 나오는 이야기들을 많이 읽었는데, 대부분 어떤 일을 당하든 참고 견디며 그런 후 내려놓고 집착을 줄여야 한다고 말합니다. 그런데 현재 저의 문제는, 수양이 부족해서이겠지만 내려놓을 수 없고 집착을 줄일 수 없다는 것입니다. 어떻게 해야 할까요?

내려놓기가 그렇게 쉬운 일은 아닙니다. 말로 내려놓는다고 해서 내려놓을 수 있는 것이 아닙니다. 먼저 그 이치를 잘 이해하고 그런 후 오랜 시간 수행해야 서서히 내려놓을 수 있습니다.

어떤 담낭 질환에 걸린 사람은 눈앞에 있는 소라가 하얀색이라는 것을 분명 알지만 병을 치료하기 전까지는 그것이 노란색으로 보입니다. 마찬가지로, 당신은 많은 이치를 안다고 하지만 실제로는 안다고 할 수 없습니다. 그저 글자로만 이해할 뿐입니다. 정말로 이해한다면 어떤 시련에도 집착하지 않고 괴로워하지 않을 것입니다.

그러니 이해하는 것과 통달하는 것에는 차이가 있습니다.

○

저는 남과 어떤 문제가 생기면 보통 그 사람을 용서하며 끝냅니다. 그런데 상대방은 종종 그런 저를 이해하지 못하고 오히려 제가 바보라고 생각합니다. 그럴 경우 참 답답하고 괴롭습니다. 어떻게 하면 남을 용서하는 것과 제가 괴롭지 않은 것의 균형을 이룰 수 있을까요?

그런 현상은 흔합니다. 유교 사상을 배운 어떤 학생이 예의 바르게 행동하는데 일부 선생과 학생이 그를 괴롭힙니다. 현대 사회는 대부분의 사람이 선량함을 깔보는 태도를 보이고 있습니다. 그렇기에 극소수의 사람이 선을 실천하고 남을 용서해도 반드시 인정을 받는 것은 아닙니다. 그렇다 하더라도 우리는 선량함과 관용을 버려서는 안 됩니다.

티베트의 위대한 불교학자 미팜 린포체는 이렇게 말했습니다.

"설령 온 세상이 악한 사람과 악한 일로 가득 차도, 나는 나의 고상한 행위를 바꾸지 않겠다. 진흙 속에서 피어나는 청정한 연꽃처럼."

이렇게 행하는 과정에서 남들이 당신에 대해 '아주 바보다', '아주 멍청하다'고 생각해도 한 점 부끄러울 것이 없습니다. 이렇게 해야만 본인과 사회의 미래에 희망이 있을 것입니다.

○

만약 누군가가 항상 불만이 많고 고집이 세다면 어떻게 제가 그를 도울 수 있을까요?

어떤 사람은 항상 불만이 많은데 이는 좋지 않은 행동입니다. 왜 그럴까요? 원망할 때는 늘 다른 사람의 잘못에만 집중하고 자신은 결코 반성하지 않기 때문입니다. 어떤 일이 성공하지 못하면 필사적으로 남을 비난하고, 성공하면 전부 자신의 공로라고 생각합니다. 많은 사람이 이런 습관을 가지고 있는데 이는 아주 좋지 않습니다.

사실 우리는 '이 일이 성공한 것은 모두 남의 공헌이고, 실패한 것은 나의 과오이다'라고 생각해야 합니다. 티베트에 다음과 같은 유명한 격언이 있습니다.

"손실과 패배는 내가 받고, 이익과 승리는 남에게 봉헌한다."

이런 정신은 아주 위대합니다. 처세의 기준으로 삼을 만합니다. 다른 사람과 합작할 때 종종 갈등이 생기는 원인은 바로 이

격언대로 하지 않기 때문입니다. 물론 이를 실천하기가 쉽지는 않습니다. 그렇더라도 이 방향을 향해 노력해야 합니다.

그가 집착을 내려놓게 하고 싶다고 했는데, 말로 내려놓는다고 해서 내려놓을 수 있는 것은 아닙니다. 먼저 그 이치를 이해해야 하고 그런 후 일정 수행을 거쳐야 뜻하는 대로 내려놓을 수 있습니다. 무슨 일이든 집착이 강하면 내려놓기 힘들다는 것을 알아야 합니다. 여러 각도에서 관찰하고 그 일이 별일 아님을 알게 될 때 쉽게 내려놓을 수 있습니다.

○

현실 사회에서 욕망은 허영심과 경쟁심을 불러일으켜, 우리는 종종 나는 누구이며 내게 진정 필요한 것은 무엇인지 잊어버립니다. 어떻게 해야 진정한 자아를 찾을 수 있을까요?

현대인들은 확실히 허영심이 강하고 경쟁심도 큽니다. 이런 사회에서 마음의 평온을 원한다면 올바른 신앙이 있어야 합니다. 그렇지 않으면 맹목적으로 돈을 추구하게 되고, 끝없는 욕망 때문에 결코 행복할 수 없을 것입니다.

요새 이런 슬로건이 있습니다. "삶의 욕구를 충족시키자." 그러나 '욕구'는 완전히 만족시킬 수 없습니다. 우리의 마음은 밑 빠진 독에 물 붓는 것과 같기 때문입니다. 만족할 줄 모르면서 물질로만 충족하기는 아주 어렵습니다.

여러분은 일상생활에 필요한 물질을 추구하는 것 외에도 마음의 평온을 소홀히 하면 안 됩니다. 마음의 평온을 얻고 싶다면, 석가모니부처님의 가르침에 가장 완벽하고 궁극적인 답이 있음을 알아야 합니다.

○

부처님은 당시 중생의 고통을 보시고 해결책을 찾고자 출가수행해 결국 성불하셨습니다. 우리도 불법을 공부해 언젠가는 성불하기를 희망합니다. 그러나 지금 우리 마음의 힘은 부처님처럼 그렇게 크지 않아 자주 고통을 겪게 되는데 어떻게 해야 합니까?

고통을 자주 겪으면 오히려 고통에서 벗어나겠다는 출리심이 생기기 쉽습니다. 만약 고통을 성취의 동력으로 바꿀 수 있다면, 이를 '고통을 수행의 도구로 전환한다'라고 합니다. 이렇게 하는 것이 우리 수행자에게는 아주 중요합니다.

티베트 불교의 고승대덕들은 모든 일이 순조롭기만을 바라지 않습니다. 늘 순조롭기만 하면 수행에 별 발전이 없을 것입니다. 대승의 수행자는 순조롭지 않은 일이 생길 때 보통 사람처럼 고통스러워하지 않고 진귀한 보물을 만난 것처럼 기뻐합니다. 이를 통해 자신의 수행 경지가 어떤지 검증할 수 있습니다.

훌륭한 의원은 산에 있는 풀을 조합해 좋은 약을 만듭니다.

진정한 수행자는 어떤 고통을 만나든 이를 수행의 도구로 전환하고 해탈에 도움이 되게 바꿉니다.

○

저는 오 년 전에 인대가 끊어져 계속 고통스러웠습니다. 몇 년간 운동을 할 수 없었습니다. 그러다 몇 개월 전 운동하다 같은 인대가 또 끊어졌습니다. 제 몸은 왜 이렇게 약한지 늘 병을 달고 사는데 어떻게 해결할 수 있을까요?

병이 있으면 한의학이든 서양 의학이든 의사의 치료를 받아야 합니다. 불교에서도 그렇게 말합니다. 그 바탕에서 자신의 마음을 잘 다스려야 합니다.

개인적으로 저는 십 년 전 강직성척추염을 앓았는데 많은 의사가 치료할 방법이 없으며 평생 아주 고통스러울 것이라 했습니다. 또 간염과 만성위염도 있었습니다. 한번은 의사가 제 검사 결과를 보고서는 "참 운도 없으시네요! 치료하기 어려운 병들을 혼자 다 얻으셨네요."라고 했습니다.

만약 제가 불법을 배우지 않았더라면 아마 심리적으로 아주 괴로웠을 것입니다. 그러나 대승 불법을 배웠기 때문에 그렇게 심각하게 여기지 않았습니다. 이 몸은 아무리 잘 관리하더라도 조만간 썩기 마련이니 얼마나 더 살지 모르지만 의미 있는 일을 해야겠다고 생각했습니다.

의사가 검사 결과를 보고 저에게 오래 살지 못할 것이라 한 후, 저는 서둘러 샤먼시市에 거처할 곳을 찾아 외부와의 접촉을 끊고 『석가모니부처님 전기釋迦牟尼佛廣傳』를 번역하기 시작했습니다. 완역하기 전에 세상을 떠나지 않을까 걱정했습니다. 그 일만 잘 끝낼 수 있다면 죽어도 여한이 없었습니다. 이에 대해서는 저의 일기 『여도각인旅途脚印』에 적었습니다. 수년이 지났는데 이 병들은 기적적으로 전부 좋아졌습니다.

그러니 환자라면 이 고통을 어찌해야 할지 늘 그 생각만 하지 말고, 또 너무 심각하게 받아들이지 마세요. 병이 낫지 않으면 이는 자기 전세의 업장이며 중생을 대신해 고통을 받는다고 생각하면 좋습니다. 평상시 이런 마음가짐을 가지면 어떤 일을 당하더라도 즐거울 수 있습니다. 심지어 어떤 경우에는 병이 저절로 없어지기도 합니다.

설령 병이 낫지 않더라도, 당신과 나만 죽는 게 아니라 이 세상의 모든 사람이 결국은 떠납니다. 방법이 없습니다. 윤회가 그렇습니다.

○

지금까지 켄포께서 겪은 가장 큰 고통은 무엇입니까? 어떻게 대처하셨습니까?

저는 1962년에 태어나 지금은 쉰 살입니다. 제 인생을 돌아

보니 어릴 때 아주 늦게 공부를 시작해 열다섯 살에 초등학교에 들어갔습니다. 그전까지는 글을 몰랐고 매일 소를 방목했습니다. 당시 남동생이 학교에 가려고 하지 않아 집에서는 벌금 때문에 어쩔 수 없이 저를 학교에 보냈습니다. 지금도 동생은 자주 농담을 합니다.

"내가 형한테 은덕이 크다. 형이 학교에 가지 않았다면 평생 목동으로 살면서 공부할 기회가 없었을 텐데."

학교에 들어가기 전까지 저는 계속 방목을 했었습니다. 어떨 때는 소를 잃어버리기도 하고 늑대가 잡아먹어 버리기도 했는데 그때는 감히 집에 돌아갈 수가 없어 아주 괴로웠습니다.

후에 학교에 다닐 때는, 상을 받지 못하거나 아이들과 싸워서 지면 또 아주 괴로워했습니다.

출가한 뒤로는 지금까지 이십여 년 동안 온 힘을 불법 공부에 쏟았고 계속 책을 읽고 참선 수행했습니다. 이 과정에 어떤 고통이 있었는지는 떠오르지 않습니다.

1985년 출가했고, 2005년에 사범대학 동창회가 있었는데 가 보니 동창생 중 출가인은 두 명뿐이었습니다. 그때 각자가 이십 년의 인생살이를 이야기했는데 어떤 친구는 결혼했고, 누구는 이혼했고, 누구는 결혼했는데 아들이 죽었고, 남편이 죽었고…. 우는 여자 동창생들도 있었는데 다들 이런저런 고통이 많았습니다. 그러나 우리 출가인은 확실히 별 큰 고통이 없었고 지금까지도 그렇습니다.

　저의 경우 출가 후 은사 스님 직메 푼촉을 따라 체계적으로 불법을 배우고 사유했으며 중관학, 공성 그리고 대승불교의 이익을 잘 알게 되었습니다. 게다가 주위의 환경도 아주 청정해 어떤 고통이 있었는지 기억나지 않습니다. 후에, 부친이 돌아가시고 친척이 돌아가셨지만 제 인생에서 고통이라고 느껴지지 않았습니다. 따라서 불교는 고통을 없애는 데 큰 도움이 됩니다. 단지 말로만 그런 것이 아닙니다.

귀의

○

불교에서 말하는 '귀의歸依**'는 어떤 의미인가요?**

간단히 말해서 귀의란 일정한 의식을 통해 지금부터 불, 법, 승 삼보에 의지해 부처님의 가르침을 따라 실천하겠다고 결심하는 것입니다. 일반적으로 귀의에는 보통의 귀의, 특별한 귀의, 금강승의 귀의 등 여러 분류가 있습니다.

불교의 귀의는 강제적으로가 아닌 각자가 스스로 원해서 합니다.

○

티베트 불교는 스승을 따르는 것을 강조하는데, 이는 부처님이 요구하신 "법에 의지하고 사람에 의지하지 말라."와 배치되지 않습니까?

배치되지 않습니다. 불경은 법에 의지하고 사람에 의지하지 말라고 언급합니다. 표면적으로 보면 선지식은 사람이니 의지해서는 안 되는 것같지만 실제는 그 의미가 아닙니다.

티베트의 미팜 린포체는 『해의혜검解義慧劍』이라는 논전을 썼는데, 저도 중국어로 번역을 했지만 여기에서 그에 대해 명확히 설명하고 있습니다. 사실 "법에 의지하고 사람에 의지하지 말라."의 의미는, 수행의 핵심은 불법의 내용, 예컨대 출리심, 보리심 등에 있다는 것입니다.

만약 어떤 사람이 명성이 높고 재산도 많고 따르는 팬도 많은데 그의 말이 경론과 부합하지 않는다면 그의 말을 들어야 할까요, 아니면 경론을 따라야 할까요? 당연히 경론을 따라야겠죠.

물론 진정으로 '법에 의지'하려면 먼저 진정한 선지식을 따르는 것이 필수 조건입니다. 선지식의 인도가 없다면 『화엄경』에서 말하는 것처럼 아무리 지혜가 있더라도 불법의 진리에 통달할 수 없습니다. 스승의 가르침에 의지하지 않고 자신의 지혜만으로 심오한 불법의 신비한 베일을 벗길 수 없기 때문입니다.

이렇게 말하는 사람이 있습니다.

"티베트에서 귀의 법문을 수행할 때, 스승께 귀의하는 내용도 있습니다. 하지만 한족 지역에서는 스승께 귀의하는 부분이 없고 삼보에만 귀의하면 됩니다."

그러나 이런 주장은 맞지 않습니다. 사실 한족 지역에도 있습니다. 당나라 때의 『유가집요염구시식의瑜伽集要焰口施食儀』에는 "귀의 스승, 귀의 불, 귀의 법, 귀의 승"이라고 분명히 언급하고 있습니다.

한족 지역의 많은 사람이 귀의 후 귀의증을 만드는 걸 특히 좋아합니다. 티베트 지역에는 그런 전통이 없고 삼보의 제자이기만 하면 되며 어떤 증서도 필요로 하지 않습니다. 귀의하는 대상은 삼보의 총합인 스승이어도 되고, 직접 삼보에 귀의해도 됩니다. 대상이 어떻든 대학교에서처럼 가르치는 내용이 무엇인가가 중요합니다. 불법이 바로 가르치는 내용입니다. 그러면 불법은 누구를 통해 가르쳐야 할까요? 바로 스승입니다. 만약 스승이 없다면, 학교에 선생이 없는 것처럼 그 내용이 아무리 좋아도 가르침을 받을 수 없습니다. 그러므로 불법에 의지하는 것과 스승에 의지하는 것의 관계를 이렇게 이해해야 합니다.

○

한족 지역의 제자들은 스승께 귀의할 때, 티베트 지역의 제자처럼 수년간 스승을 관찰할 방법이 없고 많은 경우 인연 따라 귀의합니다. 만약 스승이 진정한 선지식이라면 제자는 스승께 깊은 믿음을 가집니다. 그러나 어떤 경우는 스승이 호화 주택에 사는 것을 알고 스승에 대한 믿음이 깨집니다. 이런 경우 어떻게 해야 합니까? 스승이 진정한 선지식인지 어떻게 판단해야 합니까?

저는 한족 지역의 제자도 스승을 관찰할 여건이 된다고 생각합니다. 시간이 있고 각종 조건이 되는데 왜 티베트 제자처럼 할 수 없나요?

요새 한족 지역에서는 어떤 스승이 왔다고 하면 관찰하지 않고 바로 의지하고 관정灌頂을 받는 사람이 많은데 이는 아주 경솔한 행동입니다. 평생의 반려자를 찾을 때 거리에서 아무나 붙들고 결혼하지 않죠. 몇 개월 혹은 일 년 넘게 시간을 두고 최소한 상대방의 가정 환경은 어떤지 성격은 어떤지 살펴봅니다. 생생세세 해탈을 희구하는 것은 이보다 훨씬 중요하므로 그의 제자가 되기 전에 스승을 관찰하는 일은 반드시 필요합니다. 그러므로 제자들이 스승을 관찰하지 않는 것은 옳지 않습니다. 스승을 의지하고 싶다면 여러 방면에서 잘 관찰하기 바랍니다.

스승이 진정한 선지식이라면 분명 호화 주택이나 돈에 집착하지 않을 것이고, 그런 것들을 똥처럼 여길 것입니다. 제가 한 스승을 만난 적이 있는데, 누가 그에게 도시에 있는 좋은 집을 공양했습니다. 제가 농담으로 말했습니다.

"이제 차도 있고 집도 있으니 보통 사람과 별 차이가 없네요."

그가 웃으며 이렇게 답했습니다.

"사실 이 고급스러운 집보다 내가 옛날에 살던 소똥 창고를 더 좋아한다네."

저는 이 말이 허풍이 아니라는 것을 잘 압니다. 그러므로, 진정한 선지식은 재산이 얼마나 많든 보통 사람처럼 탐하지 않고 돌처럼 여깁니다. 이런 사람들에게는 호화 주택이 있고 없고가 중요하지 않습니다.

그런데 일부 '스승'이라 불리는 사람은 진정한 선지식이 아니며 오히려 보통 사람보다 더 못합니다. 온종일 돈을 위해 수단과 방법을 가리지 않고 법을 널리 알리는 행동은 전혀 하지 않습니다. 여러분은 이런 사람들을 멀리해야 합니다.

현재 많은 도시에는 진정한 스승이 많으니 여러분들이 귀의하고 불법을 배울 수 있는 기회가 많습니다. 만약 그들이 없다면 많은 사람이 아마 오랫동안 윤회를 벗어나지 못할 것입니다. 그러나 일부 좋지 않은 스승도 있습니다. 하지만 결국에는 그들의 나쁜 행적이 드러날 것입니다.

이 세상에는 진실과 가짜가 한데 섞여 있습니다. 눈을 크게 뜨고 관찰해야 잘 구별할 수 있습니다.

○

저는 곧 졸업하는데 취업 스트레스를 많이 받고 있습니다. 지금 이 시점에서 모든 힘을 학업에 두어야 할지 아니면 일정 시간을 매일 수행에 안배해야 할지 모르겠습니다. 제 장래에 어떤 것이 더 의미 있을까요?

이 문제는 상황에 따라 결정해야 합니다. 한편으로 학업에 뒤처지면 안 됩니다. 힘들게 오랫동안 공부한 뒤 졸업반으로 곧 있으면 인생의 전환점을 맞이하는데, 사회에 잘 진출해서 또 사회에 환원해야 하는데, 이때 불법을 배운다는 이유로 자신의 학업을 포기하지 말아야 합니다.

불법을 배우는 것이 정상 생활에 영향을 줘서는 안 됩니다. 수행 때문에 학업이나 일을 그르치면 안 됩니다. 잠시 수행을 하지 못하더라도 나중에 여유가 생겼을 때 수행 시간을 더 늘리면 됩니다.

○

불교에서는 우리가 감사하는 마음, 만족하는 마음을 가져야 한다고 말합니다. 그러나 저는 대학생으로서 교수님과 연구 과제를 진행할 때, 만족하지 않는 마음으로 더 깊이 탐구해야 발전할 수 있습니다. 이 같은 모순을 어떻게 조화시켜야 하는지 궁금합니다.

불교에서 말하는 만족하는 마음은 의미 없는 욕망을 줄이는 것입니다. 예를 들어, 돈과 향유享有에 욕망을 줄이고 만족하는 것입니다. 그러나 학문 탐구의 측면에서는 만족할 필요가 없습니다. 티베트의 위대한 대덕 사꺄 빤디따는 이렇게 말했습니다. "온갖 하천의 물이 다 모여도 대해大海는 그 많음을 싫어하지 않는다. 마찬가지로, 지혜로운 자는 아무리 많은 지식을 배우더라도 만족하지 않는다."

그러므로 여러분은 지식을 배우고 학문을 연구하고 불법을 배우는 측면에서는 쉽게 만족해서는 안 됩니다. 대학 졸업 후에는 이미 성불한 것처럼 더 이상 배울 필요가 없고 책도 읽을 필요가 없다고 생각하지 마세요. 사실, 의미 있는 지식은 배울수록 자신과 남을 이롭게 할 수 있으니 배움에 대해 만족하지 마세요. 이것은 불교의 관점이며 또 학문을 탐구하는 데 없어서는 안 되는 자세입니다.

자비

○

켄포께서는 일본의 재난 희생자를 위해 공덕을 회향하실 때 '옴마니베메훔'을 사용하셨습니다. 어떤 고승대덕은 '옴마니베메훔'이 최고의 지혜를 의미한다고 하셨는데 이 여섯 글자는 도대체 어떤 의미입니까?

'옴마니베메훔'은 관세음보살 육자진언으로 그 공덕이 무량합니다. 많은 경론에 이와 관련된 기술이 있습니다. 망자를 위해 '옴마니베메훔'을 염송하면 진언의 힘으로 고통이 즐거움으로 변하게 됩니다.

특히 지금처럼 재난이 빈번히 발생할 때 관세음보살께 기도하고 진언을 염송하면 그것이 최대한 사라지게 할 수 있습니다. 교리에서 이에 대해 많이 설명하고 있는데, 요약하면 관세음보살 진언은 최고의 지혜이며 아주 강력한 힘이 있다는 것입니다.

○

요즘은 인터넷의 발달로 정보가 쉽게 공유되어 사회의 좋지 않은 현상들을 많이 보게 됩니다. 지식인으로서 우리는 인터넷에 불공정한 현상들을 게시하여 더 많은 사람의 정의감을 일깨워야 할까요? 아니면 수행에만 전념하여 마음을 청정하게 해야 할까요?

지금은 인터넷 정보 시대로 먼 옛날과는 완전히 다르며, 심지어 지난 세기와 비교해도 완전히 다릅니다. 요즘은 어떤 일이 인터넷에 뜨면 수많은 사람이 바로 알게 되니 인터넷의 힘이 정말 큽니다. 수행에 영향을 받지 않으면서도 인터넷이라는 수단을 통해 진정 가치 있는 지식을 더 많은 사람과 나눌 수 있습니다. 설령 한 사람을 돕더라도 이는 아주 의미 있는 일입니다.

요즘 많은 사람이 혼란스럽고 고통스러워하며 인생의 방향과 목표 없이 온종일 온라인에서 마음의 의지처를 찾습니다. 그러나 결국 찾지 못하고 좋지 않은 스승을 만나 쉽게 잘못된 길로 빠집니다. 이런 시대에 인터넷을 통해 다른 사람의 정신이나 육체를 구제하는 일은 지극히 중요합니다.

물론 남을 이롭게 하겠다는 이타심이 없다면 이야기가 달라질 것입니다. 그러나 이타심이 있고 수행에 별 영향을 받지 않는다면 모든 방법을 다해 중생을 도와야 합니다. 설령 수행에 조금 영향을 받을지라도 중생의 이익을 더 우선해야 합니다.

온라인 세계는 부정적인 정보로 가득 차 있습니다. 사람의 마음은 점점 더 오염되어 앞으로 어떻게 전개될지 모릅니다. 외부 환경도 산업화로 오염되어 신선한 공기조차 마실 수 없습니다. 내세는 말할 것도 없고 이번 생도 신체적으로, 정신적으로 건강하지 못합니다.

그러므로 여러분들은 온라인에서 최대한 긍정적인 전통문화와 도움이 되는 지식을 전파하기 바랍니다. 그렇게 하지 않아 온라인이 좋지 않은 정보로 넘쳐난다면 인류의 미래가 정말 걱정스럽습니다.

생과 사

○

제 친구가 죽을병에 걸렸는데 시간이 많이 남지 않은 것같습니다. 그도 이 소식을 얼마 전에 알았고 너무 슬퍼하며 현실을 받아들이지 못하고 있습니다. 저는 그를 돕고 싶은데 방법이 없습니다. 어떻게 하면 불법으로 그를 도울 수 있을까요? 친구는 남은 시간을 어떻게 헤쳐 나가야 할까요?

생명의 끝에 가까워지면 대부분의 사람은 매우 슬퍼합니다. 아무리 돈이 많고 지위가 높더라도 죽음에 임박하면 그런 것들이 하루라도 더 살게 할 수는 없습니다.

요즘 사람들은 이렇게 생각합니다. '다른 사람은 죽어도 나는 죽지 않아.' 이는 자신을 기만하고 남을 기만하는 것입니다. 우리는 내일 교통사고가 날지, 내년에 암으로 죽을지 예측할 수 없습니다. 그러니 미리 마음의 준비를 해야 합니다. 평소에 시간을 낭비하지 말고 현재의 기회를 잘 파악해 중생을 위해, 사회를 위해 의미 있는 일을 많이 해야 합니다. 그렇게 할 수 있다면 갑자기 죽음이 닥치더라도 당황하지 않고 또 크게 후회하지 않을 것입니다.

질문자의 친구가 불법을 배우는지 모르겠는데, 배운다고 하더라도 많이 수행하지 못했을 수 있고 무상의 이치에 대해 깊이 사유하지 않았을 것입니다. 그러니 지금 어떤 비결을 알려 준다고 친구가 바로 죽음을 용기 있게 받아들이기는 쉽지 않을 것입니다.

그러나 친구에게 이렇게 말할 수 있습니다.

"죽음은 생명의 영원한 끝이 아니라 다음 생명의 시작이다. 우리의 이 몸은 잠시 머무는 '여관'일 뿐 그렇게 집착할 필요가 없다. 죽음에 대해 두려워해 봐야 아무런 소용이 없으니 지금부터 시간을 잘 활용해 선한 일을 많이 하고 내세를 위해 많은 준비를 하는 것이 중요하다."

한편으로 그렇게 친구를 일깨우고 동시에 관세음보살 진언과 아미타불 명호를 외우게 하면 좋습니다. 혹시 삼보의 가피로 기적이 생길 수도 있습니다. 제가 아는 한 대학생은 암에 걸렸는데 모든 것을 내려놓고 죽기 전 일념으로 염불해 기적적으로 암이 사라졌습니다. 그러니 어떤 경우 마음의 힘은 정말 신기합니다.

사실 우리는 모두 죽습니다. 단지 빠르고 늦을 뿐이죠. 죽음이 코앞에 닥쳤을 때야 불법을 믿기 시작해 급하게 부처님 다리를 붙잡는다면 큰 도움이 될지 모르겠습니다.

여러분도 이를 예로 삼아 죽음에 대해 미리 준비하기 바랍니다. 고금을 아울러 많은 불교도가 죽을 때는 아주 평화로웠는데 그 이유는 무엇일까요? 평소 죽음에 대해 많이 수행했기 때문입니다. 마치 평소 훈련이 잘되어 있는 군인이 전장에 나가면 위험에도 침착하게 실력을 발휘할 수 있는 것과 같습니다.

○

죽기 전에 어떤 준비를 해야 하나요?

재산이 있으면 최대한 줘 버리세요. 승중僧衆이나 삼보에 공양해도 좋습니다. 그럴 시간이 안 되면 마음속의 재산에 대한 집착을 내려놓는 것이 중요합니다!

아미타불 수행법의 요결에 이런 말이 있습니다.

"임종의 순간이 다가올 때 자신도 더 이상 살지 못할 것을 느끼면 어떤 재산에도 집착하지 말고, 이런저런 것들에도 집착하지 말아야 한다. 미처 줘 버릴 시간이 안 된다면 마음속으로 생각한다. '내가 무시이래로 윤회 속을 떠돌다 이번 생 마침내 극락왕생 수행법을 만났으니 나는 반드시 가족, 재산에 대한 미련을 버리고 오직 극락왕생만을 희구하겠노라!'"

이는 매우 중요한 가르침입니다.

임종 때가 되면 '내 가족', '내 집', '내 재산' 등에 집착할 가능성이 큰데 이런 생각이 들면 진정 극락왕생할 수 없습니다. 그러므로 무엇에 연연하지 말고 집착을 전부 버려야 합니다.

지금 배운 가르침을 일부는 죽을 때, 일부는 중음에서 사용할 수 있습니다. 어떤 경우든 이 가르침을 최대한 기억하고 진정으로 사용하는 것이 매우 중요합니다!

수행

○

불법을 배운다고 하니 주변 사람들이 저에게 묻습니다.
"왜 불법을 배우느냐? 불법이 밥 먹여 주는가?"
이에 어떻게 대답해야 할지 모르겠습니다.

그럼 이렇게 반문해 보세요. "우리가 이 세상 사는 것이 단지 먹기 위해서인가?"

○

그렇게 말하더라도 여전히 궁금해합니다.

괜찮습니다. 불법의 이치로 설명하면 그들도 이해할 것입니다. 그런데 그 이치조차 듣지 않으려 하면 다른 방법을 찾기 어렵습니다.

우리가 불법을 배우는 것을 분명 누군가는 잘 이해하지 못할 것입니다. 그러나 우리가 불법을 배우며 무엇을 깨달은 후 이를 통해 변화하는 것을 본다면 그들도 결국 받아들일 것입니다.

○

아버지께서 몸이 좋지 않으시고 자주 두통을 앓으십니다. 어머니께서 매일 아침 불전에 깨끗한 물을 공양하고, 만트라를 몇 번 염송한 후 그 물을 아버지가 마시게 합니다. 그러면 아버지는 두통이 줄어든다고 합니다. 그런데 스승의 관정 없이 함부로 만트라를 염송해도 됩니까?

만트라는 관정을 받은 후 염송하는 것이 좋습니다. 그러나 여러 사정으로 스승으로부터 관정을 받지 못했더라도 그 효능은 있습니다. 염송한다고 큰 과오를 저지르는 것은 아닙니다.

현재 티베트 지역이나 한족 지역의 많은 사람이 관정 없이 만트라를 염송합니다. 그래도 염송 후 어떤 감응이나 가피를 받습니다.

○

켄포께서는 수행하시면서 혹시 의심이 생기거나 마음이 흔들린 적은 없었습니까? 어떻게 극복하셨나요? 깨달음의 체험이 있으신지요?

저는 한낱 범부입니다. 하지만 석가모니부처님께 독실한 믿음이 있고 생사윤회에서 반드시 벗어나야 한다는 굳은 견해가 있습니다. 누군가가 전세, 후세가 존재하지 않는다고 말한다면 그것을 반박하는 수천 개의 이유를 댈 수 있습니다. 누군가가 불교는 좋지 않다고 말한다면, 어떻게 말하든 그의 자유지만 부처님에 대한 저의 진실한 신념은 조금도 흔들리지 않을 것입니다. 이는 단순한 믿음이 아니고 이십여 년 불법을 배우고 사유하고 수행하면서 조금씩 조금씩 쌓여 '고체'의 형태가 된 믿음입니다. 제 핏속에 있는 이 믿음의 '고체'는 쉽게 녹지 않을 것입니다.

그러나 한 명의 범부로서, 배가 고플 때 맛있는 음식을 보면 마음이 흔들립니다. 말끝마다 공의 이치를 말하면서 본인은 언행이 불일치하니 그때는 매우 부끄럽다는 생각이 듭니다. 그러니 제게 무슨 깨달음이 있다고 말할 수는 없습니다. 단지 불법에 대해 확고한 믿음만 있을 뿐입니다.

○

켄포께서는 여가 시간에 타고르와 셰익스피어의 시를 읽는다고 하셨는데, 6대 달라이 라마 창양 갸초의 시를 읽어 보신 적 있습니까? 어떻게 생각하시는지요?

창양 갸초의 시를 아주 좋아합니다. 그의 시를 읽으면 두 가지 느낌이 듭니다. 하나, 그는 위대한 시인이라고 생각합니다. 단순하고 이해하기 쉬운 언어를 사용해 사람들로 하여금 그들이 크게 집착하는 애정부터 내려놓고 점차 자유로워지도록 인도합니다.

또 하나, 창양 갸초의 전기를 읽으면 그가 당시의 어려운 상황에서도 거침없이 현실을 헤쳐 나갔음을 알 수 있습니다. 그는 온갖 좌절에도 남을 탓하거나 하늘을 원망하지 않았고 고통에 쓰러지지 않았습니다. 오히려 멋진 시를 통해 마음의 가장 미묘한 경지를 묘사하고 있습니다. 이처럼 고상한 정서는 정말 찬탄할 만합니다.

그런데 사실 창양 갸초의 시에는 외적, 내적, 궁극적인 의미가 있습니다. 보통 사람은 표면적으로만 이해해 그것을 단지 애정에 관련된 이야기라 생각합니다. 그 이면에 숨겨진 수행에 대한 깊은 가르침을 꿰뚫어 보지 못합니다.

운명

○

이제 막 불교를 접하게 되었는데 많이 알지는 못합니다. 인과론에 대해 조금 이해했고, 평온하게 일체를 받아들여야 한다고 배웠습니다. 그런데 저는 막 대학을 졸업했기 때문에 미래를 위해 노력하고 분투해야 합니다. 이 둘은 서로 모순되지 않습니까? 그렇다면 어떻게 해야 할까요?

어떤 이상을 위해 분투하든 마음을 평온하게 하는 것은 꼭 필요합니다. 마음이 조급하고 안정되지 않은 상태에서는 어떤 일을 하든 성공할 확률이 높지 않습니다.

그러면 어떻게 마음을 평온하게 할 수 있을까요? 불교에서는 행동하기 전에 우선 자기의 마음을 관찰하고, 마음이 선하면 하고 마음이 악하면 하지 말아야 한다고 말합니다. 무엇이 악한 마음일까요? 행동의 동기가 남을 해하고 사회를 해하는 것입니다. 이때의 마음은 분명 평온하지 않습니다. 그러므로 자신의 이상을 추구하고 목표를 실현하고자 한다면 남을 이롭게 하는 방향으로 나아가야 합니다. 그래야 마음이 평온하고 둘 사이의 충돌도 없게 됩니다.

어떤 사람은 불교가 소극적이고 도피적이며 현세의 성공을 추구하지 않는다고 오해합니다. 물론 성공하려면 전세의 복보도 필요합니다. 그것 없이는 이번 생에 아무리 노력해도 뜻대로 되지 않습니다.

어떤 사람은 항상 불평합니다.

"나는 남들보다 더 열심히 사는데 왜 남들은 성공하고 나는 성공하지 못하는가?"

전세에 복을 쌓지 않아서입니다. 복보를 쌓았다면 무슨 일을 하든 원하는 바를 쉽게 이룰 수 있습니다. 이를 잘 이해해야 합니다. 그렇지 않으면 항상 모든 것을 원망하며 사회가 자신에게 불공평하다고 느낍니다.

○

『현우경』에서는 무상에 대해 이렇게 말합니다.

"모이는 것은 무상해 반드시 흩어진다. 쌓이는 것은 무상해 반드시 없어진다. 태어난 것은 무상해 반드시 죽는다. 높이 있는 것은 무상해 반드시 떨어진다."

이 게송이 우리 생활에 어떤 의미가 있습니까?

이 게송의 이치는 아주 중요합니다. 간단해 보이지만 그 심오한 의미를 이해한다면 살면서 겪는 고통에 잘 대처할 수 있습니다.

현대 사회에서 자살하는 사람이 많은데 그 원인은 다음과 같은 몇 가지 이유 때문입니다. 첫째, 모이는 것은 반드시 흩어진다는 것을 모릅니다. 특히 오늘은 함께 있지만 사랑의 감정이 다해 내일 헤어지면 이를 받아들이지 못합니다. 둘째, 높이 있는 것은 반드시 떨어진다는 것을 모릅니다. 높은 지위에 있다가 그 지위를 잃게 되면 삶의 의미를 잃어버립니다. 셋째, 태어난 것은 반드시 죽는다는 것을 모릅니다. 가장 가까운 사람이 죽거나 자신이 죽을병에 걸리거나 병이 위중하다는 통보를 받았을 때 이를 헤쳐 나갈 용기가 없습니다. 넷째, 쌓이는 것은 반드시 없어진다는 것을 모릅니다. 힘들게 쌓은 재산을 갑자기 잃으면 살고 싶은 마음이 없어집니다. 위에서 언급한 온갖 고통은 무상의 이치를 잘 알면 자연스럽게 해결할 수 있습니다.

한번은 제가 설립한 초등학교에서 서른여 명의 학생이 졸업하게 되었습니다. 학교를 떠나야 하니 학생들은 울면서 몹시 아쉬워했습니다. 그래서 그들에게 "모이는 것은 무상해 반드시 흩어진다. 쌓이는 것은 무상해 반드시 없어진다. 태어난 것은 무상해 반드시 죽는다. 높이 있는 것은 무상해 반드시 떨어진다."라는 게송을 설명해 주고 무상의 이치를 잘 기억하라고 당부했습니다. 이 이치를 잘 알면 세상을 살아가면서 어떤 일을 당하더라도 직면할 용기를 가질 수 있고 인연 따라 잘 처리할 수 있으며 무리하게 구하지 않을 것입니다. 이 이치를 모르는 젊은이들은 일이 뜻대로 되지 않을 때 고통스러워하며 심지어 자살과 같은 현명하지 않은 선택을 할 수 있습니다.

이 네 가지 무상에 대해 파툴 린포체는 『대원만전행大圓滿前行』에서 자세히 설명합니다. 좀 더 깊이 알고자 한다면 한번 읽어 보기 바랍니다. 여러분들의 인생과 수행에 큰 도움이 될 것입니다.

○

저는 우유부단한데, 결단해서 빨리 실행하고 싶지만 그렇게 하면 또 경솔하고 충동적으로 되지 않을까 항상 걱정합니다. 어떻게 지혜를 사용해서 좋은 결정을 내릴 수 있을까요?

어떤 일을 하든 사전에 잘 고려해야 합니다. '이 일을 했을 때 초래될 결과는? 혹시 중간에 생각하지도 못한 변수는 생기지 않을까?' 하지만 대부분의 사람은 이렇게 하지 않습니다. 사업을 하든 일을 하든 좋은 면만 보고, 안 좋은 면에 대해서는 마음의 준비를 잘 하지 않습니다. '내가 죽으면?', '갑자기 병이 나면?' 하는 문제에 대해 한 번도 생각해 보지 않습니다. 듣기에 불길한 말이지만 우리 모두가 직면해야 할 일입니다. 피하고 싶어도 피할 수 없습니다.

평소 일을 처리할 때 일의 긍정적 측면과 더불어 부정적인 측면도 깊이 고려해야 합니다. 이렇게 미리 최악의 상황을 고려하면 정말로 문제가 발생했을 때 거기에 맞설 용기와 능력을 갖출 수 있습니다.

그러므로 어떤 일을 하든 먼저 자세히 관찰하는 것이 중요합니다. 티베트의 유명한 학자 사꺄 빤디따는 "지혜로운 자와 어리석은 자의 차이는, 어리석은 자는 일이 발생한 후에 분석한다는 것이다."라고 했습니다. 지혜로운 사람은 일이 발생하기 전에 냉정하게 분석합니다. '내가 이 일을 했을 때 초래될 결과는 어떨까? 중간에 잘못될 가능성은 큰가, 크지 않은가? 어떻게 해야 성공할 수 있을까? 성공하면 어떻게 사회에 환원할까?' 이 같은 질문들에 대해 먼저 잘 생각해야 합니다. 이러한 바탕에서 일하면 우유부단하거나 충동적이지 않으면서 중도를 지킬 수 있습니다.

지혜, 자비, 행복과 함께

이 책을 읽고 뭔가 얻은 것이 있는지 모르겠습니다.

저는 티베트에서 불법 연구에 몰두하고 정진 수행한 지 근 삼십 년이 되었습니다. 불법을 깊이 이해할수록 그 심오함과 광대함에 놀랍니다. 매번 경론을 펼쳐 볼 때마다 놀랄 만한 수확이 있습니다.

모든 것은 '공'이라는 부처님의 지혜와 부처님이 일체중생에게 펼친 자비는 언제나 저를 큰 감동에 빠트립니다. 그 지혜와 자비를 여러분들과 나누고 싶어 이 책을 내게 되었습니다.

이 책의 내용은 방대한 불법의 극히 일부분일 뿐입니다. 끝없이 드넓은 불법의 바다에서 여러분이 불법의 감미로움을 맛볼 수 있도록 몇 모금 가져왔을 뿐입니다.

이 책으로 인해 지혜롭고 선하고 청정한 마음이 생긴다면, 삶의 풍파에서 운명의 주인이 되어 반드시 다음과 같이 말할 수 있을 것입니다. "큰 바람 타고 물결 헤치며 나아가는 날 오리니, 높은 돛 곧게 달고 푸른 바다 건너리라!"

소달지

괴로움이야말로 인생이다

고통의 바다 한가운데서도 웃을 수 있는 법

초판 1쇄 발행 2022년 2월 1일

지은이   켄포 소달지
옮긴이   원정

펴낸이   오세룡
편집   안중희 전태영 유지민 박성화 손미숙
기획   최은영 곽은영 김희재 진달래
디자인   조성미
        고혜정 김효선
홍보 · 마케팅 이주하

펴낸곳   담앤북스
주소   서울특별시 종로구 새문안로3길 23 경희궁의 아침 4단지 805호
전화   02)765-1250(편집부) 02)765-1251(영업부) 전송 02)764-1251
전자우편 damnbooks@hanmail.net
출판등록 제300-2011-115호

ISBN 979-11-6201-346-5 03190

정가 15,000원